Karl Arnold Kortum

Leben, Meinungen und Taten von Hieronimus Jobs dem Kandidaten

Karl Arnold Kortum

Leben, Meinungen und Taten von Hieronimus Jobs dem Kandidaten

ISBN/EAN: 9783743620919

Hergestellt in Europa, USA, Kanada, Australien, Japan

Cover: Foto ©ninafisch / pixelio.de

Manufactured and distributed by brebook publishing software (www.brebook.com)

Karl Arnold Kortum

Leben, Meinungen und Taten von Hieronimus Jobs dem Kandidaten

Leben, Meynungen
und Thaten
von Hieronimus Jobs
dem Kandidaten,
und wie Er sich weiland viel Ruhm
erwarb
auch endlich als Nachtswächter
zu Sulzburg starb.

Vorn, hinten und in der Mitten
geziert, mit schönen Holzschnitten.
Eine Historia lustig und fein
in neumodischen Knittelverselein.

Münster und Hamm
bey Philipp Heinrich Perrenon
1784.

Inhalt.

Erstes Kapitel.

Vorrede, und der Author hebt an, die Mähr von Hieronimus Jobsen seeliger, zu beschreiben, und er gibt seinem Büchelein den väterlichen Segen.

Zweytes Kapitel.

Von den Aeltern unsers Helden, und wie Er geboren ward, und von einem nachdenklichen Traum, den seine Mutter hatte.

Drittes Kapitel.

Wie Frau Kindbetterin Jobsen einen Besuch von ihren Freundinnen bekam, und was Frau Gevatterin Schnepperle dem Kind geprophezeit hat.

Viertes Kapitel.

Wie das Kindlein getauft ward, und wie es Hieronimus genannt ward.

Fünf=

Fünftes Kapitel.

Womit sich das kleine Kind Hieronimus beschäftiget hat.

Sechstes Kapitel.

Thaten und Meynungen des Hieronimus in seinen Knabenjahren, und wie er in die Schule ging.

Siebentes Kapitel.

Wie der Knabe Hieronimus in die lateinische Schul kam, und wie Er da nicht viel lernte.

Achtes Kapitel.

Wie die Aeltern des Hieronimus, mit dem Rektor und mit andern Freunden zu Rathe gingen, was Sie aus dem Knaben machen sollten.

Neuntes Kapitel.

Wie die Zigeunerin Urgalindine auch wegen des Hieronimus um Rath gefraget ward, welche die Kunst Chiromantia verstand.

Zehntes Kapitel.

Wie Hieronimus von seinen Aeltern und Geschwistern Abschied nahm und nach der Universität verreißte.

Eilf

Eilftes Kapitel.

Wie Hieronimus zu Pferde, bis zur Poststation kam, und wie Er im Wirthshause einen vornehmen Herrn fand, Herr von Hogier genannt, welcher ihm heilsame Lehren gab und ein Spitzbube war.

Zwölftes Kapitel.

Wie Hieronimus auf dem Postwagen fuhr, und wie er daselbst eine Schöne fand, welche Er liebgewann, und welche Ihm die Sakuhr stahl.

Dreyzehntes Kapitel.

Wie Hieronimus auf der Universität gar fleissig die Theologie studiren that.

Vierzehntes Kapitel.

Welches die Kopei enthält, von einem Briefe, welchen nebst vielen andern, der Student Hieronimus an seine Aeltern schreiben thät.

Fünfzehntes Kapitel.

Folget auch die Kopei der schriftlichen Antwort, des alten Senator Jobs auf vorgemeldten Brief.

Sechszehntes Kapitel.

Wie Hieronimus ausstudirt hatte, und wie Er nach seiner Heimath reisete, und

wie

wie es mit seiner Gelehrsamkeit bewandt
war; fein artig im gegenwärtigen Kupfer
vorgestellt.

Siebenzehntes Kapitel.

Wie Hieronimus mit Stiefeln und Sporen, bey den lieben Seinigen wieder angelanget ist.

Achtzehntes Kapitel.

Wie Hieronimus nun anfing geistlich zu werden und wie Er ein schwarzes Kleid und eine Perrücke bekam, und wie Er auf der Kanzel zum erstenmal predigte, u. s. w.

Neunzehntes Kapitel.

Wie Hieronimus zum Kandidaten examinirt ward, und wie es Ihm dabey erging.

Zwanzigstes Kapitel.

Wie der Author gar demütiglich um Vergebung bittet, daß das vorige Kapitel so lang gewesen und wie Er verspricht, daß das gegenwärtige Kapitel desto kürzer seyn sollte. Ein Kapitel wovon die Rubrik länger ist, als das Kapitel selbst, und welches, unbeschadet der Geschichte, wohl hätte wegbleiben können.

Ein und zwanzigstes Kapitel.

Wie Vater Jobs der Senator, dem
Hie-

Hieronimus eine Strafpredigt halten thät, und wie Er vor Verdruß starb.

Zwey und zwanzigstes Kapitel.

Wie Hieronimus beynahe ein Informator eines jungen Barons geworden wäre.

Drey und zwanzigstes Kapitel.

Wie Hieronimus ein Hausschreiber ward, bey einem alten Herren, welcher eine Kammerjungfer hatte, mit Namen Amalia: und wie Er sich gut aufführte, bis im folgenden Kapitel.

Vier und zwanzigstes Kapitel.

Wie dem Sekretar Hieronimo kuriose Sachen vorkamen, und Er weggejaget wurde.

Fünf und zwanzigstes Kapitel.

Wie Hieronimus bey einer frommen Dame in Dienst kam, welche eine Bätschwester war, und seiner in Unehren begehrte, und wie Er von Ihr weglief.

Sechs und zwanzigstes Kapitel.

Wie Hieronimus ein schlimmes und ein gutes Abentheuer hatte und wie Er einmal in seinem Leben eine kluge That verrichtet hat.

Sie-

Sieben und zwanzigstes Kapitel.

Wie Hieronimus vergnügt zu Ohnewiz ankam, und wie Er da Schulmeister ward, in einer Schule von kleinen Mägdlein und Knäbelein.

Acht und zwanzigstes Kapitel.

Wie Hieronimus ein Auktor ward, und wie er ein neues A B C Buch heraus gab, und wie Er darob von den Bauern bey dem gnädigen Herren, hart verklaget ward.

Neun und zwanzigstes Kapitel.

Wie die klagenden Bauern zu Ohnewiz, von dem Herrn Patron eine gnädige Resolution bekamen, und wie sie zur Ruhe verwiesen wurden, und wie sie mit dem Loche bedrohet wurden. Alles im Kanzley Stil.

Dreyssigstes Kapitel.

Wie zu Ohnewiz an einem Mitwochen ein Aufruhr entstand und allerley Wunderzeichen vorhergingen, und wie Herr Hieronimus mit Prügeln u. s. w. fortgetrieben wurde.

Ein und dreyssigstes Kapitel.

Wie Hieronimus auf seiner Flucht nach dem Bayerlande ein neues Abentheuer hatte, te, indem Er seine geliebte Amalia in der Komödie antraf. Sehr freundlich zu lesen.

Zwey und dreyssigstes Kapitel.

Wie die Jungfrau Amalia, dem Hieronimus ihren Lebenslauf erzählen that. Ein sehr langes Kapitel weil eine Frauensperson spricht. Akkurat hundert Verse.

Drey und dreyssigstes Kapitel.

Wie Hieronimus Lust bekam, ein Schauspieler zu werden, und wie Er dazu von der Jungfrau Amalia überredet ward.

Vier und dreyssigstes Kapitel.

Wie Hieronimus ein würklicher Schauspieler ward, und wie Ihm Jungfrau Amalia untreu ward und mit einem reichen Herren davon ging, und wie Er auch in Desperation von hinnen ging.

Fünf und dreyssigstes Kapitel.

Wie Hieronimus nach seiner Heimath gen Sulzburg gereiset ist und wie Er da allerley Veränderungen fand.

Sechs und dreyssigstes Kapitel.

Wie Hieronimus Nachtswächter ward in Sulzburg, und wie seiner Mutter
Traum

Traum, und Frau Urgalindinens Weissagung erfüllet ward.

Sieben und dreyssigstes Kapitel.

Wie Hieronimus einen Besuch bekam
von Freund Hain, der Ihn zur Ruhe brachte. Ein Kapitel so gut als eine Leichenrede.

Erstes

Erstes Kapitel.

Vorrede, und der Author hebt an, die Mähr von Hieronimus Jobsen seeliger, zu beschreiben, und er gibt seinem Büchelein den väterlichen Segen.

1. Euch und mir die Zeit zu vertreiben,
    Geneigte Leser! will ich itzt schreiben
    Eine extra feine Historiam
    Von Hieronimus Jobs lobesam.

2. Mit welchem sich in seinem Leben
    Viel gar wunderbares hat begeben
    Und welcher sowohl in Glück als Gefahr
    Ein rechter Kurioser Hieronimus war.

3. Zwaren wäre vieles von Ihm zu sagen,
    Der Leser möcht aber nicht alles können tragen,
    Und Papier und Raum wäre für der Meng
    Seiner Abentheuern zu eng.

A 4. Zwa.

4. Zwaren weiß ich von Ihm viele Data;
Ich erzähl aber nur die vornehmsten Fata,
Und was Er von seiner Geburt an
Merkwürdiges hat gethan.

5. Weil ich nun die preiswürdige Gabe,
Zu Dichten, vom Sankt Apoll erhalten habe,
So habe, statt daß man sonst in Prosa erzählt,
Dafür einen sehr schönen Reim erwählt.

6. Wenn ich aber, nach rechtem Maas und Ehle,
Gleich nicht alles, wies sich ziemt hätte, erzähle,
So weiß doch der geneigte Leser schon,
Daß man so was nennt Volkston.

7. Von meinem Eltervater Hans Sachsen
Ist mir die Kunst zu reimen angewachsen,
Drum lieb ich so sehr die Poesie
Und erzähl alles in Reimen hie.

8. Man brauchet gar nicht darob zu spotten,
Die Verse meines Vetters des Wandsbecker Boten,
Bleiben gewiß noch weit zurück,
Hinter den Versen aus meiner Fabrik.

9. Ich habe mich zugleich emsig bemühet,
Wie der geneigte Leser mit Augen siehet,
Daß das Büchel, wie sichs gebührt,
Mit schönen Figuren würde geziert.

10. Konnt aber nicht neue Kupfer bekommen,
Hab sie also anderswoher oft nommen,
Doch passen selbige von ohngefähr,
Wie man findet, genau hieher.

11. Sind

11. Sind zwar nicht Chodowieckis Gemächte,
 Können jedoch, wie ich fast gedächte,
  Noch immer, wie jene gut genug,
  Durch die arge Welt helfen das Buch.

12 Nun, mein Büchelein ich wills nicht hindern,
 Geh, ohne mich, zu den Menschenkindern
  Manches Büchel nicht besser als du
  Eilt ja jährlich den Messen zu!

13. Hiemit will ich förmlich nun legen
 Kraft meiner Finger und von Authors wegen,
  Als dein zärtlicher Vater gar mildiglich
  Meinen Segen, liebes Büchlein! auf dich.

14. Der Himmel wolle dich fein lange bewahren
 Vor Kriticken, Motten und Fidibus Gefahren
  Und was, etwa noch sonst für Noth
  Denen gedruckten Büchelchens droht!

15. Du müssest, in und ausserhalb Schwaben
 Deinem Vaterland, viele Leser haben;
  Damit Schrift, Papier und Druckerey
  Nicht, Gott! behüte mich, verlohren sey

16. Allen und jeden die lesen bezahlen
 Melde meinen Gruß zu tausend mahlen
  Und jedem hochweisen Herrn Recensent
  Vermelde insonders mein Kompliment.

17. Sag Ihnen, doch Demütig wie sichs gebühret,
 S' hätten gepriesen und gerecensiret
  Manches geringe Büchlein hoch,
  Viel elender geschrieben als du noch.

C. A. K.

Zweytes Kapitel.

Von den Aeltern unsers Helden und wie er geboren ward und von einem nachdencklichen Traum, den seine Mutter hatte.

1. Eh ich weiter gehe, muß ich etwas melden,
Von den beiden Aeltern unsers Helden,
Auch noch ein oder anders Wort,
Von seinem wahren Geburtsort.

2. Und zwar war es ein Städtlein in Schwaben
Wo seine Aeltern gewohnet haben,
Alda sein Vater Hans Jobs, ohne Gefahr
Erster ehrwürdige Rathsherr war.

3. Er

3. Er war reich, hatte Schafe, Kühe und Rinder
Auch auſſer unſerm Helden, noch viele Kinder,
Sowohl von männlich, als weiblichem Geſchlecht
Und lebte übrigens ſchlecht und recht.

4. Hatte dabey einen kleinen Weinhandel,
War aufrichtig im Leben und Wandel
Und ſowohl im Rathhaus als daheim fromm,
Dabey auch ein großer Oekonom.

5. Er lieh gerne Dürftigen und Elenden
Wenn ſie etwas hatten zu verpfänden
Nahm höchſtens zwölf pro Cent davon
Und war ſehr dick und klein von Konſtitution.

6. Aß übrigens und trank nach Appetite
Und bey ſeinem phlegmatiſchen Geblüte,
Rauchte er manche Pfeife Taback,
Und fand am Zeitungsleſen Geſchmack.

7. Doch oft litte er von überlaufender Galle,
An einem ſtarken podagriſchen Anfalle,
Doch hinderte ihn dieſes niemals nicht
Zu verrichten als Rathsherr ſeine Pflicht.

8. Die Mutter war von ehrſamen Stande,
Die beredtſte Frau im ganzen Schwabenlande
Groß und hager und tugendſam
Und ſo ſanftmüthig als ein Lamm.

9. Doch, wie es in den allermeiſten Ehen
Leider! nicht ſelten pfleget zu geſchehen
Hatt: ſie im Hauſe dann und wann,
Bey gelegenheit, die Hoſen an.

10. Die

10 Dis gab nun zwar, wie leicht zu gedencken,
Zuweilen kleine Händel und Gezäncken;
Im übrigen aber liebte sich
Dieses theure Paar gar zärtlich.

11. Sie hatten nun zwar, seit etlichen Jahren,
Die Gebuhrt mehrerer Kinder schon erfahren,
Doch geschah es abermals zur Hand,
Daß sich Frau Jobs wieder schwanger befand.

12. Als sie nun nach etwa neun Monaten sahe,
Daß die Zeit ihrer Entbindung sich nahe;
So machte gedachte Frau Jobs alsbald
Zur Niederkunft die gehörige Anstalt.

13. Ehe ich aber nun weiter hier dichte,
Erzähl ich erst eine besondere Geschichte,
Oder einen Traum dieser Frau, vielmehr,
Welcher allerdings gehört hieher.

14 Die Erfahrung läßet manchesmal sehen
Daß die Träume gewiß nicht zu verschmähen
Lieber Leser! das glaube mir,
Du siehst davon ein Exempel hier

15. Einst nämlich, lag Frau Jobsen im Bette
Und es kam ihr im Traum vor, als hätte
Sie ein gewaltiges großes Horn,
Statt eines kleinen Kindleins gebohrn.

16. Dieses Horn nun tönte und krachte
So mächtig, daß Sie darob erwachte,
Und sie hat, seitdem sie erwacht,
Oefters darüber nachgedacht.

17. Eine

17. Eine Frau, welche sie über die Deutung
                              gefraget
    Hat ihr damals zu ihrem Troste gesaget:
        Es zeige deutlich der Traum an
        Daß ihr Kind werde ein gewaltiger Mann,

18. Und daß seine Stimme ihn würde ernähren
    Er würde sie als Pfarrer lassen hören;
        Dann das beweise klärlich und schön,
        Das große Horn mit seinem getön.

19. Doch wir wollen uns hieran nicht kehren
    Die Zukunft wird die Bedeutung wohl lehren
        Wenn das Kind zu seinen Jahren wächst.
        Ich schreite nun wieder zum Text.

20. Die Mutter legte nun Windel und Hember
    Zurechte, und am dreißigsten Sempfember,
        Wurde dieselbe zu rechter Zeit,
        Durch die Geburt eines Knäbleins erfreut.

21. Welch ein Vergnügen gab dis dem Vater!
    Himmel! wie freute sich der Senater!
        Und wie sprang er nicht, als er da
        Das artige Büblein zur Welt sah.

Drit-

Drittes Kapitel.

Wie Frau Kindbetterinn Jobsen einen Besuch von ihren Freundinnen bekam und was Frau Gevatterinn Schnepperle dem Kinde geprophezeit hat

1. Frau Jobsen war also, wie eben gesprochen
Mit dem jungen Jöbslein in den Wochen,
Er selbst lag eingewickelt neben ihr da
Schlief, und wust nicht wie ihm geschah.

2. Wie voll Jubel alles im Hause gewesen
Das läßt sich nicht alles genau lesen;
Verwandten und Nachbaren nahmen am Heil
Auch, wie leicht zu erachten ist, Theil,

3. Täglich war in der Wochenstube lärmen
Als wenn im Maymonate Bienen schwärmen
Und es gieng immer sum, sum, sum,
Ums Wochenbette lustig herum.

4. Es waren itzt genau drey Tage
Seitdem die Mutter im Wochenbette lage
Als zum Kaffe auf den Nachmittag,
Ein ganzer Schwarm Frauen, Ihr zusprach.

5. Und zwaren von allen diesen Madamen
Die auf den Kaffe zu Frau Jobsen kamen
Zeichnete sich bey dem braunen Schmaus
Frau Schnepperle durch Beredsamkeit aus.

6. Der Vater des Jöbsgens war ihr Vetter.
Zuerst sprach die Gesellschaft vom Wetter
Und von dergleichen Sachen mehr
Die wichtig sind, in das Kreutz und die Queer.

7. Dar-

7. Darauf forschte man wie sich Kindbetterinn
．．．．．．．．．．．．．．．．．．．．．．．．．befinde?
Erkundigte sich auch nach dem jungen Kinde:
Obs mit Appetit den Futterbrey
Genöße und fein stille sey?

8. Man that ihm hierauf nach der Reih, die Ehre,
Hob es auf, rühmte seine Größe und Schwere
Und bewunderte einmütig weit und breit,
Seine mehr als gemeine Artigkeit

9. „Meine hochgeehrte Frau Base!
„Schnatterte Frau Schnepperle, etwas durch die
．．．．．．．．．．．．．．．．．．．．．．．．．．．．．Nase,
„Das Kind wird wahrlich ein gelehrter Mann
„Ich sehs ihm an seinem Gesichte an;

10. „Habe neulich ein schönes Buch gelesen
„Als ich auf der Rathsbibliotheck gewesen,
„Welches von der Kunst Physionomey
„Handelt, und was davon zu halten sey;

11. „Darin stunden schrecklich viele Gesichter,
„Gelehrte, dumme, fromme, Bösewichter,
„Silhouetten von feiner und schlimmer Gestalt.
„Auch Köpfe von Thieren, jung und alt.

12. „Wenn ich etwa nicht unrecht gesehen
„So glaube ich daraus zu verstehen
„Daß ein solches verkehrtes Gesicht
„Viel zukünftiges Genie verspricht.

13. „Und ich wolte schier gewiß versichern:
„Das Kind geht einst um mit Büchern.
„Und ist wohl gar zum Pfarrer bestimmt
„Wenn es künftig zu Jahren kömmt,

14. „Sei-

14. „Seine starke Stimme scheint es anzuzeigen.
„Daß es einst werde die Kanzel besteigen
[Nota bene: Der kleine Jobs schrie hier just,
Gerade als wenn er es hätte gewußt.]

15. Die Frau Schnepperle sprach noch viele Worte,
Sie gehören aber nicht an diesen Orte.
Alle Frauen fielen mit großem Geschrey
Der Rede der Klugen Frau Schnepperle bey.

16. Nachdem nun die Visite war zu Ende,
Reichten sie alle der Frau Jobsen die Hände,
Dankten für alle genossene Ehr,
Und gingen hin, wo sie gekommen her.

17. Die Wöchnerin bekam zwar vom Lärm
Kopfschmerzen,
Nahm aber die Rede der Frau Schnepperle zu
Herzen;
Zumal da diese im Ruf stand,
Als wäre Ihr was von der Magie bekannt.

Viertes Kapitel.
Wie das Kindlein getauft ward, und
Wie es Hieronimus genannt ward.

1. Als noch einige Tage waren vergangen,
Schien das Kind die Taufe zu verlangen,
Indem es immer erbärmlich schrie
Und seiner Mutter machte viel Müh.

2. Es half davor weder Brust noch Süppgen
Noch ein im Münde gestecktes Zuckerpüppgen,
Sondern es rief in einem fort,
Daß niemand hören konnt sein eigen Wort.

3. Man

3. Man machte drum in Senator Jobſens Hauſe
Anſtalten zum Kindtaufen Schmauſe
Und ſchleppte der Speiſen mancherley
Zum morgenden Tracktamente herbey.

4. Auch wurden Torten, Kuchen und mehre Sachen,
Zum Nachtiſche bereitet und gebachen
Auch an Wein, und Toback und Bier
War gewiß gar kein Mangel hier.

5. Gevattere, Freunde und Verwandten
Hebamme, Nachbarn und bekannten
Stelten ſich darauf artig und fein,
Zur gehörigen Stunde ein.

6. Auch Küſter und Pfarrer mit dem Formulare,
Wie leicht zu gedencken iſt, da ware;
Imgleichen ein ganzer hochweiſer Senat
Sich zeitig dabey eingefunden hat.

7. Es waren auch ſonſt noch viele Gäſte
Auf dieſem großen und hohen Feſte,
Und ich ſag es zu Jobſens Ehr:
Es ging alles fein ordentlich her.

8. Jedoch that ſich ein Diſput erheben
Was man dem Kind für einen Namen wolt
geben:
Heinz, Kunz, Matz, Peter oder Hans,
Dies, Joſt, Herrmann oder Franz.

9. Von dieſen, ſonſt ſchönen Namen allen,
Wolte keiner allgemein gefallen
Und es würde gewiß noch zulezt
Haben nicht geringe Händel geſezt

10. Der

10. Der Pfarrer aber, als ein kluger Herre,
That den Ausspruch, daß es rathsam wäre
Bey diesem Zwist im Kalender zu sehen
Was am Geburtstag möcht für ein Name stehn.

11. Es ward also ohne weiter zu fragen
Vom Küster der Kalender aufgeschlagen
Und man fand darauf ohne Mühe
Den Namen des heiligen Hieronimus hie.

12. Solcher kluger Rath hat gleich allen,
Sowohl Gevattern, als den Aeltern, gefallen
Und man faßte also in pleno den Schlus,
Das Kind solte heißen Hieronimus.

13. Nachdem nun der wichtige Handel geschlichtet
Ward der Actus vom Herrn Pfarrer verrichtet
Und zwar nach dem gewöhnlichen Fuß
Und nun hieß das Kind Hieronimus.

14. Alles übrige ging ruhig und schöne
Pfarrer und Küster thaten sich recht bene
Und es wurde fast die halbe Nacht
Gegessen, getrunken, geraucht und gelacht.

Fünftes Kapitel.
Womit sich das kleine Kind Hieronimus beschäftiget hat.

1. So lang Hieronimuschen in Windeln geblieben
hat er sich die Zeit damit vertrieben
Daß er schlief, aß, sog oder tranck
Oder zuhörte der Mutter Wiegengesang.

2. Und

2. Und zwar schlief, aß, sog und tranck er nicht
 mind.r
 Als sonst zu thun pflegen zwey oder drey Kinder
  Wurde dabey recht fleißig gewiegt,
  War aber bey dem allem noch nicht vergnügt.

3. Sondern lärmte schier oft ganze Tage
 Und erhub in der Wiege bittere Klage
  Als wenn ihm was großes hätte gequält,
  Obgleich dem Schreier gar nichts gefehlt.

4. Einige kluge Leute wolten behaupten
 Als wenn sie nicht ohne Ursache glaubten
  Daß etwa eine Behererey
  [Mit Respect zu melden] im Spiel sey.

5. Drob ward oft der Arzt herbeygeführet
 Und die Hebamme gekonsuliret
  Und manches Rhabarbarträncklein
  Auch wohl Mohnsaft, gegeben ein.

6. Er war also seiner Mutter fast beschwerlich
 Indeß befand er sich dabey gar herrlich,
  Wuchs, und ward mit jedem Augenblick
  Fett, groß, mächtig, starck und dick.

7. Vater und Mutter hatten also beyde
 An diesem lieben Kinde viele Freude,
  Und gaben manchen herzlichen Kuß
  Ihrem kleinen Hieronimus

8. Mehr hab ich von den ersten drey oder vier
 Jahren
 Des kleinen Jöbsgens nicht können erfahren.
  Beschließe also dis Kapitel hiemit
  Und thue zum folgenden den Schritt.

Sechs-

Sechstes Kapitel.

Thaten und Meinungen des Hieronimus in seinen Knabenjahren und wie er in die Schule ging.

1. Von den andern Kinderjahren unsers Helden
Kan ich zwar ebenfals nicht viel melden
Sintemal die Laufbahn des Lebens sein
bishero gewesen noch eng und klein.

2. Gefolglich ist von seinen Thaten und Werken
Eben nichts sonderliches anzumerken
Jedoch blieb immer, so lang er noch jung,
Essen und trinken seine Hauptbeschäftigung.

3. Er hatte aber sonst noch viele gute Gaben
Spielte lieber mit Mädchens als mit Knaben
Zankte und neckte auch oft beym Spiel
Und machte der losen Streiche viel.

4. Auch lernte er ohne sonderliche Mühe,
Lügen, fluchen und schwören frühe
Und hat dadurch in der Nachbarschaft,
Bey andern Kindern, viel Erbauung geschaft.

5. Er schluckte und naschte ebenfals gerne
Aß Obst, Rosinen nnd Mandelkerne
Und kaufte für sein bekommenes Geld
Die lekersten Sachen von der Welt.

6. Mit seinen Geschwistern konnt er sich nicht vertragen
Aber sein Vater that ihn nie schlagen,
Und seine Mutter, die gute Frau,
Nahm auch selten alles so genau.

7. Auch

7. Auch war er viel größer als andre Kinder
   Keiner seines gleichen sprang und lief geschwinder
   Und kein einziger war so starck als er
   Und wer ihn erzürnte, den nahm er her.

8. Da es ihm nun nicht fehlte an Kräfte
   So verrichtete er manche Hausgeschäfte
   Hohlte zuweilen Futter fürs Vieh
   Und unterzog sich der Oekonomie

9. Oder er ritte die Pferde in die Tränke,

Oder er hohlte Bier aus der Schenke,
Brachte auch manches frisches Ey,
Aus dem Hüner- und Gänsstall herbey.

10. War auch sonst ein guter dummer Junge
Hatte dabey eine starke kräftige Lunge
Und predigte oft auf der Bank aus Scherz.
Dis alles ging seinen Aeltern ans Herz.

11. Dann sie sahen mit innigstem Vergnügen.
Solche Talente im Hieronimus liegen
Und dachten sehr oft in ihrem Sinn
Da stecket gewiß ein Pfarrer in.

12. Besonders die Mutter, wenn sie dran dachte,
Was ihr vormals Frau Schnepperle sagte,
Und an den ehmals gehabten Traum
Wuste sich für Freude zu lassen kaum.

13. Dann alles schien sich zusammen zu schicken
Und die Sache natürlich auszudrücken
Und wenn sie dieses erwoge, so war
Der künftige Pfarrer hier offenbar.

14. Er wurde also und dergestalten
Fleißig zur Schule angehalten,
Welch, es doch Hieronimo übel gefiel
Denn er war viel lieber beym Spiel.

15. Und die Bücher waren ihm zuwider,
Er warf sie oft auf die Erde nieder,
Und bey dem Lumpen a, b, c, d,
That ihm immer der Kopf weh.

16. Zwar der Präceptor that sich bemühen
Ihn zu allem guten zu erziehen,
Er und die Ruthe in Kompagnie
Arbeiteten fleißig an seinem Genie.

17. Die

3. Beym Konjugiren und beym Syntaxis,
Und bey der lateinischen Praxis,
Da war vollends der Hencker loß
Und er bekam manchen Rippenstoß.

4. Denn der Rektor, als Hypochondriakus,
Schonte gar nicht den Hieronimus
Und prügelte oft, als wäre er toll,
Dem armen Knaben das Leder voll.

5. Bey dieser peinlichen Lehrmethode
Grämte sich der Junge fast zu Tode
Und wünschte oftmal in seinem Sinn
Den mürr'schen Rektor zum Henker hin.

6. Zwar spielte er ihm wieder heimlich viel Possen
Für die Schläge welche er von ihm genossen
Und der Mann hatte manchen Verdruß
Ob dem muthwilligen Hieronimus.

7. Dann seine Papiere und große Perrücke
Riß er ihm incognito oft in Stücke
Und that auch sonst noch dem braven Mann
Alles gebrannte Herzenleid an.

8. Auch brachte er seine Schulkameraden
Viel und manchmal in bittern Schaden
Weil er sich mit keinem vertrug
Und sie öfters zu Boden schlug.

9. Auch weder ihre Kleider, noch ihre Bücher
Waren vor seinem Muthwillen sicher
Und er spielte viel Schabernack,
Meistens von bösem Nachgeschmack.

10. Wann

10. Wann auch einer etwa sich übel betragen
Thät er ihn gleich beym Rektor verklagen
Dann ging's über die armen Buben her
Und erfreuete sich drob sehr.

11. Der Schule übrigens überdrüßig
Ging er zu Hause größtentheils müßig
Und so verstrich allmählig die Zeit
In unnützlicher Unthätigkeit.

12. Vom Griechischen will ich gar nichts sagen
Dann das wollte Ihm nimmer behagen
Und beym barbarischen Typtô, Typteis,
Kam Hieronimus über und über im Schweis.

13. Er dachte also klüglich: das sey ferne
Daß ich solch kauderwelsches Zeug lerne;
Und was nun noch das hebräische betrift,
Dieses flohe er vollends als Gift.

14. Er machte also gar wenig Progressen
Auffer im Lügen, Schweren, Trinken und Essen,
Auch etwa in Erfindung eines Fluchs
Ward der Knabe fein stark und wuchs.

Achtes Kapitel.

Wie die Aeltern des Hieronimus mit dem Rektor, und mit andern Freunden zu Rath gingen, was sie aus dem Knaben machen sollten.

1. Nachdem nun der Knabe achtzehn Jahre
Und noch etwas darüber, alt ware,
Auch würklich schon eines halben Kopfs
Größer war, als der alte Hans Jods;

2. Fin-

2. Fingen die Aeltern an, nachzusinnen
Was nun ferner mit ihm zu beginnen,
Dann es war izt die höchste Zeit
Und die Sache von äusserster Wichtigkeit.

3. Vor allen that man den Rektor fragen
Was derselbe vom Knaben möchte sagen
Und wozu er das meiste Geschick
Haben möchte zum künftigen Glück.

4. Dieser Mann nun wolte nicht heucheln
Noch die Eltern mit leerer Hofnung schmäucheln,
Drum sagte er Ihnen gleich rund heraus:
„Aus dem Knaben wird nichts rechtes aus;

5. „Das Studiren ist wahrlich nicht seine Sache
„Drum ists am Klügsten gethan man mache
„Einen hiesigen Rahshsherrn aus Ihn
„Oder thu ihn sonst wo zum Handwerke hin.

6. „Ich habe es mannichmal in den Schulstunden
„Zu meinem höchsten Leidwesen gefunden
„Daß in ihm nichts besonders sitzt
„Welches einem ehrsamen Publiko nützt.

7. Diese Rede hat den Eheleuten Jobsen
Wie leicht zu schließen ist heftig verdrobsen
Drum hörten sie solche mit Verachtung an
Und hielten den Rektor für'n dummern Mann.

8. Es wurden nun mehr Freunde zu Rathe gezogen
Und die Sache vernünftig pro et contra erwogen,
Und 's ging in der Versammlung grade so her
Als wenn der alte Jobs zu Rathhause wär.

9. Näm-

9. Nämlich, nach etwa drittehalb Stunden
Ward ein Mittel zur Vereinigung funden:
Man stellte weißlich auf'n neuen Termin
Die Sache zur nähern Erwägung dahin.

Neuntes Kapitel.

Wie die Zigeunerinn Urgalindine auch wegen des Hieronimus um Rath gefraget ward, welche die Kunst Chiromantia verstand.

1. Die Gesellschaft war nun kaum in Frieden
Aus Rathsherrn Jobsens Hause geschieden
So führte das Glücke von ohngefähr
Eine alte Zigeunerinn her.

2. Sie war von einem uralten Stamme,
Urgalindine ware ihr Name,
Und Egypten ihr eigentliches Vaterland
Und die Mutter ehmals als Hexe verbrannt.

3. Sie konnte der Menschen Thun und Wesen
Deutlich in den Strichen der Hånden lesen,
Sagte auch manches so deutlich vorher,
Als wanns wirklich schon geschehen wär.

4. Manches Mägdchen hat sie recht sehr erfreuet
Wenn sie ihm nahe Hochzeit geprophezeiet
Und den Bräutigam so klärlich genannt
Als hätten sie ihn schon längstens gekannt.

5. Man=

5. Manchen unmuthsvoll wartenden Erben
 Wahrsagte sie des reichen Onkels sterben,
 Und sie erfreuete solche oft
 Dann die Onkels starben unverhoft.

6. Manchen fast verzweifelten Ehegatten
 Welche, leider! böse Weiber hatten
 Und den Tod derselben gerne sahn
 Kündigte sie nahe Erlösung an.

7. Manchem Stutzer, der kräftig gerochen
 Nach Jesmin und Pomade, hat sie versprochen
 Trotz aller ihrer Lächerlichkeit,
 Dennoch, dummer Schönen Gewogenheit.

8. Ihre Reden wuste sie stets also zu fügen
 Daß sie immer gereichten zum Vergnügen;
 Doch half eine kluge Zweydeutigkeit
 Sie manchmal aus der Verlegenheit.

9. Jedem verkündigte sie eine besondere gute Mähre
 Tapfern Soldaten, Pulver, Kugeln und Ehre,
 Armen Schluckern ein hauffen Geld
 Alten Matronen das Himmelszelt.

10. Sie verstund noch viel mehr andere Künste;
 Aber ihre große und seltene Verdienste
 Machten sie nicht von Häschern frey
 Denn sie stahl ein wenig, neben bey.

11. Kurz! man fand nirgend ihres gleichen
 Endors Hexe hätte ihr müssen weichen
 Wenigstens in Lügen und Chiromantie
 War keine Zigeunerin klüger als sie.

12. Als

12. Als Frau Jobs ihre Ankunft vernommen
    Ist sie zu ihr hinaus gekommen
      Und hielte wohl an des Hauses Thür
      Folgende kurze Rede an Ihr:

13. „Meine geliebte Frau Urgalinde
   „Kommen Sie doch einmal zu meinem Kinde
     „Um ihm zu sagen gutes Glück
     „Von seinem zukünftigen Geschick!

14. „Sie werden hoffentlich die Güte haben;
   „Und mir es sagen was von dem Knaben
     „Hieronimus eigentlich zu machen ist
     Ohne Trug und arge List.

15. Madame! antwortete sie, das soll geschehen,
    Lassen sie mich nur seine Hände sehen
      Dann sag ich als eine aufrichtige Frau
      Ihm sein künftiges Schicksal genau.

16. Man ließ also den Hieronimus holen
    Und Frau Urgalindine hat ihm befohlen
      Seine rechte Hand ihr zu reichen dar
      Welche etwas beschmuzet war.

17. Die Zigeunerin mit forschendem Blicke
    Erkundete um alle und jede Stücke,
      Maß die Flächen und Linien auch,
      Alles nach Chiromanten Gebrauch.

18. Darauf ward sie einen Augenblick stille
    Endlich gleich einer Delphischen Sibylle
      Murmelte sie etwas zwischen dem Zahn
      Und hub folgende Prophezeiung an:

19. Ich

19. Ich sehe, mein lieber Hieronimus, ich sehe,
Nach der Kunst die ich gründlich verstehe
   Dein ganzes künftiges Schicksal; mein
                      Sohn!
  Deines Halses gewaltiger Ton.

20. Wird manchen frechen Bösewicht schrecken
Manchen schlafenden Sünder wirst du auf-
                      wecken
  Dermassen, daß die ganze Stadt
  An deiner Rede Erbauung hat.

21. Fromme und Böse wirst du bewahren
  Sie warnen für Leibes und Seelen gefahren
  Und über jung und alt, groß und klein
  Ein munter getreuer Hüter seyn.

22. Jedermann wird deine weisen Lehren
  In dieser Stadt dereinst öffentlich hören
  Und wenn dann dein geöfneter Mund
                spricht
  So antwortet dir keiner nicht.

23. Ich darf es für diesesmal nicht wagen
Dir ein mehrers von deinem Geschicke zu sa-
                      gen,
  Es ist auch dieses dermalen genug,
  Nun gehe hin, mein Sohn! und sey klug.

24. Hier endigte sich Urgalindinens Rede;
  Sowohl Mutter als Vater waren beede,
  Ob dem, was itzo geprophezeit,
  Sehr zufrieden und höchlich erfreut.

                    25. Dann

25. Dann in ihren Gedanken war Er
    Ganz gewiß ein künftiger Pfarrer
    Wenn anders die Weissagung träf ein;
    Denn wie könnte es deutlicher sein?

26. Urgalindine ist drauf weggegangen
    Nachdem sie einen stattlichen Lohn empfangen.
    Man saget als sie lincks um, gemacht,
    Habe sie über Aeltern und Sohn gelacht.

27. Nunmehr wurde dem Rektor zum Possen
    Sowohl vom Herrn Jobs als Frau Jobs beschlos-
    sen,
    Daß der geliebte Hieronimus
    Werden sollte ein Theologus.

28. Es wird also nach Academien,
    Im folgenden Kapitel, Hieronimus ziehen,
    Wenn wir vorhero haben gesehn
    Was noch bey seinem Abschied geschehn.

Zehn-

Zehntes Kapitel.

Wie Hieronimus von seinen Aeltern und Geschwistern Abschied nahm, und nach der Universität verreißte.

1. Ehe man den Hieronimus ließ gehen,
   Wurde Er erst in überfluß versehen
   Mit Kleidern, Wäsche, Büchern, und Geld
   Und was man sonst zum studiren nötig hält.

2. Es ward gefolglich auf diese Weise
   Alles bereitet zur nahen Abreise
   Aber beym Abschied gings bitter und schwer
   Auf einer und der andern Seite her.

3. Der

3. Der gute alte Jobs, der dicke Senater
Weinte laut, wie im May ein Kater,
 Und reichte schluchsend den Abschieds Kuß
 Seinem teuern Sohn Hieronimus.

4. Gab ihm auch den väterlichen Segen:
„Fahre wohl auf allen deinen Wegen
 „Und studire fleißig, mein Sohn,
 „Damit wir haben Freude davon!

5. „Wenn dir etwa künftig was fehlet
„Und vielleicht ein Geldmangel quälet.
 „So schreibe nur immer kühnlich mir,
 „Was du verlangst, das schicke ich Dir.

6. Hieronimus wurde, wie sichs gebüret,
Ob des Vaters Rede höchlich gerühret
 Und versprach öfters zu schreiben hin
 Wenn es an Gelde fehlte ihm.

7. Mit der Mutter ging es noch schlimmer,
Sie erhob ein jämmerliches Gewimmer
 Und durchdrungen vom herbesten Schmerz
 Drückte sie den lieben Sohn lange ans Herz.

8. Endlich trat sie auf einige Augenblicke
Mit Hieronimus ein wenig beiseit zurücke
 Und reichte ihm noch ein Päcklein dar
 Worinnen verschiedenes Geld war.

9. Dieser fromme, mütterliche Segen,
That den Hieronimus inniglich sehr bewegen
 Und er steckte, unter lautem Gewein,
 Das erhaltene Päckelein ein.

10. Nun

10. Nun kamen seine Geschwister an die Reihe,
 Denen er, unter erbärmlichem Geschreie,
 Allen nach einander die Hand gab
 Und nunmehr reisete Hieronimus ab.

11. Der lieben Aeltern Trauern und Klagen
 Währte noch nachher verschiedene Tage
 Und dem guten Vater schmeckte schier
 Weder Wein, Zeitung, Toback noch Bier.

12. Bey der Mutter war die Betrübniß am grösten,
 Und man vermochte fast nicht, sie zu trösten,
 Doch bey den Schwestern und Brüdern war
 Wie ich vernommen weniger Gefahr.

Eil.

Eilftes Kapitel.

Wie Hieronimus zu Pferde, bis zur Poststation kam, und wie er im Wirthshause einen vornehmen Herrn fand, Herr von Hogier genannt, welcher ihm Heilsame Lehren gab, und ein Spitzbube war

1. Hieronimus also nunmehro wegreitet,
   Seines Vaters Hausknecht ihn begleitet;
   Bis zu dem nächsten Städtelein,
   Da steigt er dann im Postwagen ein.

2. Ob nun gleich ihm der Abschied nahe gegangen,
   So truge derselbe doch großes Verlangen,

Nach

Nach der geliebsten Universität,
Wo es täglich so lustig ergeht.

3. Kaum hatte er Sulzburg nun verlassen
Und befand sich itzt auf der Landstraßen
Als er Vater, Mutter, Geschwister vergaß,
Und sich höchlich ergetzte, daß

4. Er nunmehr, als ein freyer Studente,
Daß sich täglich vergnügen könnte,
Und des mürr'schen Rektors Prügeln und Lehr,
Dem Himmel sy danck! entloffen wär.

5. Vorzüglich freuete er sich nicht wenig
Und dünckte sich reicher als ein König,
Wenn ihm das Geld im Sinne kam
Das er von Hause mitte nahm.

6. Vor allem vergnügte Ihn besonder
Das liebe Päcklein, welches er von der
Hochbetrübten Frau Mutter empfing,
Als es ans bittere Scheiden ging.

7. Da es ihm nun an Zeitvertreib fehlte
Zog er's Päcklein hervor und zählte
Das Geld, welches drin enthalten wär,
Und fand, mit innigster Freude, baar

8. Mehr als dreißig verschiedene Stücke
Alle von Silber, groß, schwer und dicke,
Gulden und Thaler mannichfalt
Meistens von Gepräge rar und alt.

9. Seine Mutter hatte sie nach und nach ersparet,
Und zum Nothpfennige aufbewahret,
Denn sie war eine weidliche Frau
Klug und sparsam, oder vielmehr, genau.

10. Zuwei-

10. Zuweilen muste Ihm auch imgleichen
 Der Knecht, sein Begleiter, etwas reichen
 Zum Zeitvertreib, von den Victualien
 Womit ihn die Aeltern zur Reise versehn.

11. Als nun unter diesen Gedanken und Dingen
 Dem reisenden Hieronimus die Stunden vergingen
 So gelangte er endlich sehr müde und matt
 Ins Wirthshaus der oben gedachten Stadt.

12. Allhie befand sich nun der Postwagen,
 Der ihn nach der Unniversität soll tragen;
 Selbiger war aber zu dieser Zeit
 Noch nicht völlig zur Abfarth bereit.

13. Hieronimus ließ nun, vor allen dingen
 Seinen getreuen Gaul zu Stalle bringen,
 Welchem sein Knecht das Futter gab,
 Und band den schweren Mantelsack ab.

14. Er hat aber auch nicht vergessen,
 Sich zu erlaben, mit Trinken und Essen,
 Und so ward er bald drauf am Tisch
 Wider gestärket, munter und frisch.

15. Es war noch da ein fremder Herre logiret
 Mit einer grosen Perücke und reich chameriret
 Welcher aus ferner Länder kam,
 Herr Baron von Hogier war sein Nam.

16. Dieser erzeigte unserm Helden viel Ehre
 Und erkundete freundlich wer er wäre.
 Hieronimus antwortete drauf sehend:
 Gnädiger Herr! ich bin ein Student,

17. Zu

17. Zu hoch dero Diensten, und ich ziehe
Gleich izo nach der Academie
Um zu studiren spät und früh
Die Wissenschaft der Theologie.

18. So! dazu wünsch ich ihnen viel Glücke!
Antwortete der Herr mit der großen Perüke,
Aber nehmen Sie sich wohl in acht,
Daß sie nicht werden in Schaden gebracht!

19. Ich hab auch hohe Schulen vormals gesehen
Weiß wohl, wie's da pflegt zu ergehen
Mancher junger Bursche wird da ums Geld,
Durch das verwünschte Spielen gepreßt,

20. Und viele, an statt fleißig zu studiren,
Lassen sich zu Ausschweifungen verführen
Und verbringen die kostbare Zeit
In aller erdencklicher Liederlichkeit.

21. Ich selbst, habe öfters in jüngern Jahren,
Die traurige Wahrheit davon, leider, erfahren
Nehmen sie also sich fleißig in acht,
Und denken sie dran, ich hab es gesagt!

22. Hieronimus versezte: lieber Herre!
Ich danke vielmahl für die weise Lehre
Und werde ihren treflichen Unterricht
In meinem Leben vergessen nicht.

23. Uebrigens muß ich Eure Gnaden, sagen
Das Spielen thut mir zwar sehr behagen
Hab die Ehre zu versichern doch
Wenn ich spiele, spiel ich nicht hoch.

C   24. „Nie-

24. „Niedrige Spiele laß ich paßiren,
„Denn so kann man eben nicht verlieren,
„Und man vertreibet sich doch die Zeit
„Sehr angenehm und mit Artigkeit,

25. „Wir, zum Exempel, könnten nun beide,
„Bloß zum Zeitvertreibe und zur Freude
„Etwa ein kleines Spielchen auch thun"
Erwidert der Herr mit der Perrücke, nun.

26. Hieronimus, gleich im Augenblicke,
Fand den Vorschlag des Herrn mit der Perrücke
Ein Spielchen zu machen, sehr angenehm,
So lange bis der Postwagen käm.

27. Sie brauchten nun gar nicht lange zu warten,
Der Wirth brachte alsbald neue Karten,
Für seine beyde Gäste heran,
Und nunmehr fing man zu spielen an.

28. Anfangs ward nidrig pointiret
Aber Hieronimus, durch Gewinnsucht verführet,
Finge nun höher zu setzen an,
Weil er die ersten Spiele gewann.

29. Nun aber wendete sich das Glücke
Zum Herr von Hogier mit der großen Perrücke,
Als welchem itzo in jeglichem Spiel
Immer die Karte günstiglich fiel.

30. Das Geld, welches Hieronimus zur Reise
Bestimmt hatte, ging auf diese Weise
Bald hin, und da er noch weiter verlohr,
Zog er nun auch das Päcklein hervor.

31. Aber

31. Aber das Glück warf stets noch, günstige Blicke,
Auf den Herrn mit der grossen Perrücke,
Und mit einem jeglichen neuen Satz.
Entstand im Päcklein ein leerer Platz.

32. Und in weniger als dreyviertel Stunden
War der mütterliche Segen ganz verschwunden,
Und der Herr mit der grossen Perrück,
Hatte alles gewonnen, Stück vor Stück.

33. Denn, daß der Herr mit der grossen Perrücke,
Ihn, listiger Weise, beym Spiel berücke,
Das merkte der gute Hieronimus nicht;
Dann Herr von Hogier hatte ein ehrlich Gesicht.

34. Es wär ihm endlich gar noch eingefallen
Auch seinen Mantelsack loszuschnallen
Und er hätte, das drin enthaltene Geld,
Auch noch auf die unglückliche Karte gestellt,

35. Doch, zu des Hieronimus gröstem Glücke
Und zum Leidwesen des Herrn mit der Perrücke,
Bließ grade itzo der Postillion
Und Hieronimus führe davon.

36. Beym Abschied warf er viel unwillige Blicke
Auf den Herrn mit der grossen Perrücke
Und mit einigem Ungestümm
Nahm er nunmehr Ade von Ihm.

Zwölftes Kapitel.

Wie Hieronimus auf dem Postwagen fuhr, und er daselbst eine Schöne, fand, welche er liebgewann und und welche ihm die Sackuhr stahl.

1. Wie's dem Hieronimus im Postwagen
   Ferner erginge, will ich nun sagen
   Denn er kam so noch nicht los,
   Sondern hatte wieder einigen Anstos.

2. Er dachte hieselbsten öfters zurücke
   An den Herrn mit der grossen Perrücke,
   Und es fiele Ihm itzo erst ein
   Er müsse ein Spizbube gewesen seyn.

3. Das mütterliche Päcklein ging ihm sehr zu Herzen
   Und er konnte dessen Verlust nicht verschmerzen
   Seufzte, und wünschte in seinem Sinn,
   Den Herrn mit der Perrücke zum Henker hin.

4. Er murmelte sogar unverständliche Töne;
   Jedoch eine neben ihm sitzende Schöne,
   Welche er anfangs bemerkte kaum,
   Riß ihn bald aus dem schwermütigen Traum.

5. Sie schien alt zu seyn etwa zwanzig Jahre
   Schön von Gesicht, schwarz von Augen und Haare,
   Und rosenroth von Wangen und Mund
   Dabey auch von schönem Wuchse, und

6. Kurz zu sagen, in ihrem ganzen Wesen,
   Konnte man nichts als lauter Anmuth lesen.

Sie

Sie erkundigte sich in Kurzweil und Scherz
Alsbald nach des traur'gen Hieronimus Schmerz.
7. Wobey sie denselben freundlich anlachte.
Dis Lächeln that gute Würkung und machte
Daß Er, da er dichte neben ihr saß,
Seinen Verlust des Päckleins vergaß.
8. Er gerieth auch würklich fast in Entzüken
Weil er in ihrer ganzen Person und Blicken
So viele trefliche Reitze fand
Gefährlich vor sein bischen Verstand.
9. Es hatte noch keine halbe Stunde gewähret
Als er schon die Lieb, in bester Form, ihr erkläret,
So bundig als je ein Held im Roman
Die Brunst, seiner Schönen erklären kan.
10. Sie schien nicht ungern ihn anzuhören,
Und that ihn gar nicht im Vortrage stören,
Hieronimus ward also endlich so frey
Und rückte näher zu ihr herbey.
11. Ich weiß nicht, ob sonst noch etwas paßiret,
Was, laut zu sagen, sich nicht gebühret,
Genug, sie vertrieben sich beyde die Zeit
In süsser, vertraulicher Zärtlichkeit.
12. Als sie endlich zur neuen Postation kommen,
Hat sie freundlich von Ihm Abe genommen,
Wohin sie sich aber nachhero gewandt
Das soll uns künftig werden bekannt.
13. Da indessen nach einigen Stunden
Seitdem die Schöne vom Wagen verschwunden,
Hieronimus nach der Sakuhr mahl sah
War auch diese verschwunden und nicht mehr da.

14. Dieser

14. Dieser abermalige fatale Possen,
 Hat den guten Hieronimus mächtig verdrossen,
 Dann er dachte alsbald daran
 Daß die Schöne den Diebstahl gethan.

15. Indeß war nun für den guten Knaben
 Weiter nichts übrig, als Geduld zu haben
 Es fiel ihm jedoch nun hintennach ein
 Hinführo etwas vorsichtiger zu seyn.

16. Er hat sich dabey feste vorgenommen
 So bald er auf die Universität gekommen,
 Um Geld und um eine neue Uhr,
 Seinen Aeltern zu schreiben nur.

17. Er ist endlich, ohne weitere Unfälle
 Angelangt glücklich an Ort und Stelle,
 Folglich war unser Hieronimus
 Nunmehro ein Akademikus.

Dreyzehntes Kapitel.

Wie Hieronimus auf der Universität, gar fleißig die Theologie studiren thät.

1. Als nun Hieronimus arreviret
 Ist er, stante Pede, immatrikuliret
 Und ward also, sofort, allhie
 Ein Studiosous der Theologie.

2. Sintemal sich nun auf Universitäten
 Aus mancherley Landen, Orten und Städten
 Viele Studenten finden ein,
 Junge und Alte, groß und klein.

3. Glei=

3. Gleichergestalten und imgleichen fanden
Sich auch hier solche, aus allerley Landen
Und jährlich kamen noch viele herbey
Um zu studiren mancherley.

4. Zum Exempel: die Theologiee,
Jura, Medicin und Philosophie,
Und was man sonst für gute Künste hält.
Zum Fortkommen, dereinstens in der Welt.

5. Die meisten aber, anstatt zu studiren
Thaten nur ihre Gelder verschlemmiren
Und lebten lustig und guter Ding,
Indessen die edele Zeit verging.

6. Hieronimus, dem's studiren zuwider,
Mengte sich bald unter die lustige Brüder
Und betrug sich, in keiner Zeit schon so,
Als wäre er längstens gewesen do.

7. Dann so gut als der beste Akademikus
Lebte er täglich in Floribus,
Und es wurde manche liebe Nacht
In Sausen und Brausen zugebracht.

8. Wein, Toback und Bier war sein Leben
Er that dabey die Stimme hoch erheben,
Wenn er mit lautem und starken Klang
Das gaudeamus igitur sang.

9. Als ein wahres Muster fideler Studenten
Versuhr er bey allen die ihn kennten,
Und lebte immer sein burschikos
Sein drob erhaltener Ruhm war gros.

10. Jene

10. Jene drey verhaßte Geschwister:
 Häscher, Pedellen und Philister,
  Hat Hieronimus als ein Held
  Oeftermalen jämmerlich gepreßt.
11. Mehrmals hat er sie pexiret,
 Oder sie sonst lästerlich vexiret,
  Ansonsten sich noch gezeiget auch
  Alles nach Renommisten gebrauch.
12. Des Sommers ist er fleißig ausgeritten
 'S Winters beym Schnee gefahren auf Schlitten
  Und keine Ergetzlichkeit überhaupt
  Hielte Hieronimus für unerlaubt.
13. Mehrmals ist er auch zum vergnügen
 Nach den benachbarten Dörfern gestiegen
  Allwo er dann meistens auf dem Land
  Manche gutwillige Schöne fand.
14. Die Fenster hat er oft nächtlich eingeschlagen,
 Jungen Füchsen angethan viele Plagen,
  Spielte Würfel, Karten und Biliard
  Und also nicht sehr gelehrt ward.
15. Im Raufen und Schlagen fand er vergnügen
 Täglich that er in der Schenke liegen,
  Ging aber auch alle zwey Monat einmal,
  Zur Abwechselung, in den Kollegiensaal.
16. Wenn er muthwillige Schulden gemachet
  Hat er die Gläubiger ausgelachet,
  Auch ihnen gespielt manchen Betrug,
  Sonst auch gemachet der Streiche genug.
17. Kleider und Bücher that er versetzen
 Und sich dafür mit Schmausen ergötzen

  Kurz zu sagen, zu seiner Zeit
  Uebertraf ihn keiner an Lustigkeit.
18. Zwar muste er oft ins Carcer gehen
  Ist ihm auch sonst noch wohl Strafe geschehen,
  Hätt' auch beynahe einmal zum Lohn
  Fast bekommen die Relegation.
19. Drey Jahre lang, hat er dis Leben getrieben
  Und seinen Aeltern oft um Geld geschrieben
  Doch waren die Briefe so eingericht
  Daß sie seine Aufführung merkten nicht.
20. Zu unsers Hieronimus großem Lobe,
  Kommt im folgenden Kapitel eine Probe,
  Von dieser Kuriosen Korrespondenz,
  Beschliesse also das j'zge eilends.

Vierzehntes Kapitel.

Welches die Kopei enthält von einem Briefe, welchen nebst vielen andern der Student Hieronimus an seine Aeltern schreiben that.

1. Sehr geliebteste Aeltern!
             Ich melde,
   Hiebey, daß es mir fehlet an Gelde
   Habet also die Gewogenheit
   Und schicket mir bald eine Kleinigkeit.

2. Nämlich etwa 20 bis 30 Dukaten
   Denn ich weiß mich kaum mehr zu rathen
     Weil es alles so knapp geht hier,
     Drum sendet doch dieses Geld bald mir.

                          3. Alles

3. Alles ist hier ganz erschrecklich theuer
Tisch, Stube, Wäsche, Licht und Feuer,
Und was sonst etwa vorfällt noch,
Drum schicket die 30 Dukaten doch.

4. Kaum begreift ihr die starke Ausgabe
Welche ich auf der Universität habe
Für so viele Bücher und Kollegia,
Ach wären doch die 30 Ducaten schon da!

5. Ich studire täglich recht sehr fleißig.
Sendet mir doch mit nächstem die dreißig
Dukaten, so bald als möglich ist, her
Denn mein Beutel ist jämmerlich leer.

6. Wäsche, Schuhe, Strümpfe und Kleider
Friseur, Näherin, Schuster und Schneider
Dinte, Federn, Bleystift, Papier,
Kostet viel, schickt die Dukaten mir!

7. Das Geld, welches ihr bald sendet
Wird, ich schwör es Euch, gut angewendet.
Ja liebe Aeltern! ich behelfe mich
Sehr genau und höchst kümmerlich.

8. Wenn andre Studenten saufen und schwärmen
So entziehe ich mich allem lärmen,
Und schließe mich mit den Büchern allein,
Auf meiner Studierkammer weislich ein.

9. Außer die nötigsten Kosten und Speise
Erspar ich, liebe Aeltern! auf alle Weise
Und trinck vor'n Durst, kaum einmal Thee,
Dann Geld ausgeben thut schrecklich mir weh.

10. Andre Studenten die Lüderlich praffen
 Thun mich wegen meiner Eingezogenheit haffen
 Und sagen: da geht der Knicker einher
 Er studirt als wenn er ein Pfarrer schon wär.

11. Manchen Verdruß sie drob schon mir machten.
 Ich thu aber ihre Spötterey verachten
 Und was man von meiner Frömmigkeit spricht.
 Vergeßt doch die 30 Dukaten nicht!

12. Täglich hab ich mich zehn ganze Stunden
 In den Kollegiis bisher eingefunden,
 Und wann dann diese Kollegia aus,
 Studier ich in übrigen Stunden, zu Haus.

13. Die Professors sind treflich mit mir zufrieden
 Und rathen fast, mich nicht so zu ermüden
 In meinen beständigen Studiis
 Philosophicis und Theologicis.

14. Es möchte sich zwar nicht geziemen,
 Mich, gegen Euch, liebe Aeltern! selber zu rüh-
  men
 Doch sage und versich'r ich Euch frey
 Daß ich der fleissigste von allen sey.

15. Oft will mir von allen gelehrten Dingen
 Fast der Kopf, samt dem Hirn zerspringen
 Und manchmal wird mir gar wunderlich.
 [A propos! die Dukaten erwarte ich]

16. Ja, liebe Aeltern! ich lese schier beständig
 Und strap'ziere meine Sinnen sehr elendig,
 Und meistentheils wird sogar die Nacht
 Mit tiefem Meditiren zugebracht.

17. Näch-

17. Nächstens gedenk ich auf die Kanzel zu steigen
Und mich einmal im predigen zu zeigen.
 Ich disputir mich auch im Kollegium
 Ueber gelehrte Materien tapfer herum.

18. Vergesset doch nicht die Dukaten zu schicken,
Damit ich sie schierbaldigst möge erblicken.
 Ihr bekommt einst dafür in meiner Person
 Einen hochgelehrten und klugen Sohn.

19. Da ich auch ein Privatissimum gesonnen
Zu halten, und würklich schon begonnen
 Welches zwanzig Reichsthaler kosten thut;
 So erwart' ich auch diese wohlgemuth.

20. Auch thu ich Euch, liebe Aeltern! zu wissen
Daß ich jüngst meinen Rock sehr zerrissen,
 Also füget zu obigen Geldern doch
 Zwölf Thaler zum neuen Rocke noch

21. Habe auch neue Stiefel sehr nötig
Es ist auch kein Schlafrock mehr vorräthig,
 Ingleichen sind meine Pantoffeln und Hut
 Auch andre Kleidungsstücke kaput.

22. Da ich nun dis alles nicht kan entbehren
Wollt ihr mir noch, a part, vier Louisd'or ver-
          ehren
 Welche alsdenn zur Nothdurft mein
 Vielleicht möchten hinreichend seyn.

23. Ich bin auch kürzlich tod krank gewesen
Und kaum mit genauer Noth wieder genesen
 Doch versich're ich Euch, mit Hand und Mund
 Daß ich itzo sey wider ziemlich gesund.

         24. Der

24. Der Medikus welcher mich Kuriret
. Hat dafür 18 Gulden aufgeführet
Und die aus der Apoteke gebrauchte Arzney
Machet, laut Rechnung, zwanzig und drey.

25. Damit nun Arzt und Apoteker kriegen
Das Ihre, werdet Ihr gütigst fügen
Diese ein und vierzig Gulden dazu.
Seyd übrigens wegen meiner G'sundheit in Ruh.

26. Die Aufwärterin, welche mich that laben
In der Kranckheit, möchte auch wohl was haben,
Drum sendet noch sieben Gulden dafür.
Und abbreßirt's mit dem übrigen an mir.

27. Für Citronen, Geleen und Konfituren
Zur Stärkung kranker und schwacher Naturen,
Steht auch noch, als ein kleiner Rest
Acht Gulden, bey dem Konditor, fest.

28. Diese bemeldte Posten alzumahlen,
Möchte ich gerne nächstens richtig bezahlen
Denn ich liebe Ordnung, und hüte mich
Für alle Schulden sorgfältiglich.

29. Ich traue also zu Euern mit den Händen,
Daß sie mir alles, nebst den 30 Dukaten, senden,
Sobald als Euch es möglich wird seyn.
Noch fällt mir eine Kleinigkeit ein:

30. Vor 14 Tagen hatte ich's Ungelücke,
Und fiel hoch von der Treppe zurücke,
Als ich ging ins Kollegium,
Und stieß mir den rechten Arm fast krumm.

31. Der

31. Der Chirurgus verlanget derohalben
 Zwölf Thaler für Balsam, Pflaster und Salben,
  Spiritus und sonstige Schmiererey;
  Drum thut auch diese 12 Thaler noch bey!

32. Doch, damit Ihr Euch nicht alteriret,
 Ich bin, Gott lob! ganz wider kuriret
  Und geh' mit gesundem Arm und Bein
  Täglich in das Kollegium ein.

33. Doch habe ich einen sehr schwachen Magen,
 Die Ärzte die ich konsulirt habe, sagen,
  Das käme von vielem Sitzen her
  Und weil ich so erstaunlich fleißig wär.

34. Sie haben mir dieserhalb angerathen:
 Warmen Burgunderwein, mit Zimmt und Mus-
  katen
  Des Morgens zu trinken, statt dem Thee
  Das wäre gut für's Magenweh.

35. Leget also noch bey, zwey Pistolen,
 Um dafür Burgunder und Würze zu holen;
  Gewiß, liebe Ältern! ich trinke es nur
  Bloß, zur verordneten Magenkur.

36. Endlich, habe ich noch einige Schulden
 Von etwa 30 bis 40 Gulden,
  Schicket mir also auch, ohne Fehl,
  Liebe Aeltern! dis Bagatell.

37. Könnte ich, neben bey, für andre Ausgaben
 Auch etwa noch ein Dutzend Louisdo'r haben,
  So käme mir dieses recht bequem,
  Und Wäre mir würklich auch angenehm.

                                  38. Wenn

38. Wenn Ihr Euch übrigens gesund befindet,
Und nächstens im Briefe mir es verkündet,
So wird mir dieses erfreulich seyn
Schließt aber auch ja das Geld mit ein.

39. Hiemit will ich also mein Schreiben beschließen
Meine Geschwister thu ich freundlich grüssen
Und verharre hierauf zum Schluß
Euer gehorsamer Sohn
     Hieronimus.

40. Ich setze noch eilig zum Postscripte:
Meine hochgeehrte und sehr geliebte
Aeltern! ich bitte Kindlich,
Schicket doch bald das Geld mich.

Fünfzehntes Kapitel.

Folget auch die Kopei der schriftlichen Antwort des alten Senators Jobs auf vorgemeldten Brief.

1. Was hierauf des Vaters Antwort gewesen
Das soll man gleichermassen nun lesen:
Mein herzvielgeliebtester Sohn!
Dein Schreiben hab ich erhalten schon

2. Und deine Gesundheit und Wohlergehen
Mit Vergnügen aus demselbigen ersehen,
Jedoch vergnügt es mir eben nicht
Daß dein Brief wieder von Geld spricht.

3. Es sind noch nicht drey Monate vergangen
Da du hundert und fünfzig Thaler empfangen,

Fast

Fast weiß ich nicht, wo in der Welt
Ich hernehmen soll alle das Geld.

4. Ich höre gern auch, daß du studirest
Und dich fleißig und ordentlich aufführest,
Aber höchst ungern vernehm ich von dir
Daß du 30 Dukaten forderst von mir.

5. Fast, mein Sohn! sollte ich sagen und glauben
[Du wirst mir meine Anmerkung erlauben]
Daß, wenn man auf der Universität
Sparsam ist, nicht so viel nötig hätt'.

6. Zwaren ist es wohl gewis und sicher
Man hat nicht umsonst Kollegia und Bücher
Jedoch bekommt man für solche Summ,
Manches Buch und Kollegium.

7. Tisch, Stube, Wäsche, Licht und Feuer
Kann auch unmöglich seyn so theuer,
Auch Federn, Bleystift, Dinte, Papier
Kauffst du für wenige Groschen gnug dir.

8. Ich vernehme es zwar auch sehr gerne
Daß du dich von böser Gesellschaft ferne
Hälst, und auf der Studirstube sitzst
Und bey geliebten Büchern schwitzst;

9. Auch daneben nur Thee thust trinken;
Indessen wills mir wahrscheinlich dünken,
Daß wenn man über den Büchern ruht
Und Thee trinckt, nicht dreißig Dukaten verthut.

10. Wenn dich andre einen Knicker schelten,
So mag dir dieses gleich viel gelten;
Doch wer so viel Geld verschwendet, als du,
Dem kommt der Name Knicker nicht zu.

D 11. Weil

11. Weil du übrigens von deinem Fleiße schreibest,
So rathe ich, daß du fein dabey verbleibest,
Damit das Geld und die edle Zeit,
Angewandt werde in Nützlichkeit.

12. Doch mußt du dich nicht so sehr angreiffen
Und im Kopf zu viel Gelehrsamkeit häuffen,
Dann es trift, leider! mannichmal ein,
Daß große Gelehrte meist Narren seyn.

13. Dein Vorsatz, zu predigen, thut mir gefallen,
Drum übe dich fleißig darin, vor allen;
Aber, bey vieler Disputation
Kommt eben nichts Kluges heraus, mein Sohn!

14. Wozu auch das Privatissimum nützet,
Wenn man schon zehn Stunden im Kollegio sitzet,
Das begreif' ich, um deweniger wohl,
Da es 20 Reichsthaler kosten soll.

15. Doch lasse ich's vor allen andern paßiren
Dann das Geld welches du zum studiren
Gebrauchest, gebe ich gerne her,
Und wenns auch noch dreymal so viel wär.

16. Da auch, wie du schreibst, dein Rock zerrissen,
So kanst du freilich einen neuen nicht missen;
Jedoch das Tuch würde superfein,
Für die verlangte zwölf Thaler seyn.

17. Wer aber zum Pfarrherrn will studiren,
Muß nicht mit kostbarn Kleidern stolziren;
Drum wäre ein etwas gröberer Tuch
Zum neuen Rocke, dir gut genug.

18. Auch

18. Auch für noch sonstige Kleidungsstücke
Wilst du, daß ich vier Louisdo'r schicke
Nämlich für Schlafrock, Pantoffel und Hut
Weil sie nicht zum gebrauche mehr gut.

19. Wenn ich aber solches alzumalen
Posten, für Posten, sonders soll bezalen,
Wozu sollen dann, lieber Hieronimus mein!
Die verlangte dreißig Dukaten seyn?

20. Ich habe es mit Mitleiden gelesen
Daß du jüngsthin tod krank gewesen;
Aber du hast nicht wohl gethan
Daß du viel Arzney gewendet an.

21. Dann ich hab es oft und viel erfahren,
Daß, besonders in den jüngeren Jahren,
Die sich selbst überlaßne Natur,
Mehr wirkt, als die beste Mixtur.

22. Dein gebrauchter Arzt und Arzeneyen,
Sind fast theuer zum verabscheuen,
Und wie mir dünken sollte, so ist
Weder Apotheker, noch Arzt ein Christ.

23. Da auch eine Wärterin, wie ich gelesen
In der Krankheit bey dir ist gewesen;
So reichte für diese Aufwärterin
Statt sieben, ein einziger Gulden hin;

24. Wenn sie nicht etwa sonst, vor diesen,
Liebesdienste andrer Art dir erwiesen,
Dann, lieber Sohn! ich schlieffe dis
Schier aus den sieben Gulden gewis.

25. Was auch nun den Konditor anlanget
Welcher ebenfalls acht Gulden verlanget
So wäre gewesen ein Thaler genug,
Und du warest gewislich nicht klug.

26. Denn Citronen, Konfituren und Leckereien,
Geben eigentlich dem Kranken kein Gedeihen
Aber ein Hafer- oder Gerstentranck,
Nutzet weit mehr wenn man ist krank.

27. Es ist nicht gut, daß du bist gefallen
Von der Treppe, drum sorge ja vor allen
Daß du hinführo nicht wieder fällst,
Denn die Kur beträget viel Gelds.

28. Dein Wundarzt hat dich recht hergenommen
Denn für 12 Thaler, wie ich vernommen
Heilt unser berühmter Stadtbalbier
Einen Arm oder Beinbruch schier.

29. Doch freut's mich daß dein Arm wieder kuriret
Dann wenn ein Pfarrer auf der Kanzel peroriret,
So muß der Arm geschmeidig und fein
Beym Klopfen und Gestus machen seyn.

30. Ich muß dich ferner, auch herzlich beklagen
Wegen deinem sehr schwachen Magen;
Mein Magen ist, leider! nicht viel nütz,
Weil ich sehr öfters zu Rathe sitz.

31. Indeß thut Burgunder mit Gewürzen
Dich nur unnötig in Unkosten stürzen,
Schlucke lieber oft ein Pfefferkorn ein,
Das soll sehr gut für den Magen seyn.

32. Du

32. Du wilst auch noch 30 bis 40 Gulden
Haben, zur Bezahlung einiger Schulden;
Ich sinne nun hin, das Kreuz und die Queer,
Beym Himmel! wo kommen die Schulden doch
her?

33. Du hast ja schon alles specificiret
Und Posten für Posten zum höchsten aufgeführet,
Und vierzig Gulden, bey meiner Seel!
Sind nicht, wie du glaubst, ein Bagatell.

34. Endlich, soll ich gar noch ein Dutzend Pistolen
Zu andern Ausgaben für dich herbey holen,
Es wäre dir vielleicht zwar angenehm
Mir aber kommts höchst unbequem.

35. Dann mit den verlangten 30 Dukaten
Kannst du dich wegen der Ausgaben schon berathen,
Dieses leztere Dutzend Louisdor,
Kommt mir also als Ueberflus vor:

36. Doch, um deinen Geldmangel zu stillen
Will ich itzt nochmal dein Begehren erfüllen
Und sende die Gelder mancherley
Im beikommenden Päcklein herbey.

37. Jedoch muß ich dir hienebst andeuten
Es sind heur gar nahrlose Zeiten
Und es fällt mir wahrlich gar schwer
Alle Gelder zu nehmen woher.

38. Mit dem Handel gibts nur Kleinigkeiten
Dann es ist kein Geld unter den Leuten
Und die Rathsherrnschaft wirft auch nicht viel ab.
Drum sind meine Einkünfte so knapp.

39. Ich

39. Ich werde es also sehr gerne sehen
Wenn du von der Universität thust gehen
Zumalen da du, zu dieser Frist,
Gewislich schon ausgelernet bist.

40. Denn wenn du noch länger alda bleibest
Und das kostbare Studiren forttreibest
So werde ich noch zum armen Mann
Und keine Gelder mehr schaffen kan.

41. Wir werden dich hier mit grossem verlangen
Als einen gelehrten Sohn, stattlich empfangen
Besonders freut deine Mutter sich
Auf deine Zuhausekunft inniglich.

22. Ich möchte dir gerne was neues schreiben
Es thut aber alles hier beym alten bleiben;
Ich bin indessen früh und spat
Nach Gewohnheit gewesen oft im Rath.

43. Da haben wir, in pleno, thun dichten
Um verschiedene Aenderungen einzurichten
Damit in der hiesigen Policey
Alles fein sauber und ordentlich sey.

44. Deine Mutter hat an Zähnen viel ausgestanden,
Aber ein groser Wundarzt aus fremden Landen
Vor einigen Tagen hieher kam
Und die bösen Zähne wegnahm.

45 Deine Schwester Gertrud hat einen Freyer
Es ist der Prokuraktor Herr Geier
Die Sache ist schon gekommen sehr weit
Und die Gertrud ist schon ziemlich breit.

46. Un-

46. Unser Pfarrer ist immer kränklich
Man hält seinen Zustand für bedenklich,
Stürbe einst dieser rechtschaffene Mann
So würd'st du vielleicht unser Pfarrer dann.

47. Unsers reichen Nachbars sein Liesgen
Vermeldet dir ein herzliches Grüßgen
Das Mägdchen wird wirklich artig und fein
Und könnte einst deine Frau Pfarrerin seyn.

48. Endlich grüßen dich allesamt wieder
Deine sämtlichen Schwestern und Brüder,
Sie freuen sich über dein wohlergehen
Und hoffen schierbaldigst dich hier zu sehen

49. Ich beharre übrigens
     Dein treuer Vater
Hans Jobs, pro tempore Senater
N. S. Dein Schreiben mir zwar gefällt
Aber verschone mich weiter mit Geld.

Sechszehntes Kapitel.

Wie Hieronimus ausstudirt hatte, und wie er nach seiner Heimath reisete, und wie es mit seiner Gelehrsamkeit bewandt war, fein artig im gegenwärtigen Kupfer.

1. Sintemal man nicht ewig auf Universitäten
   Bleiben kann, so wärs endlich vonnöthen,
   Daß nach verflossener drey Jahren Zeit,
   Sich Hieronimus machte zur Abfahrt bereit.

2. Um seiner Altern Verlangen und Willen
   Die nun seine Heimkunft begehrten, zu erfüllen,
   That er alles zu dieser Frist,
   Was zum Abmarsche nötig ist.

3. Zwar brauchte er nicht viel einzupacken;
   Dann ausser Stiefeln, Degen, Weste und Jacke,

Und

Und was man an seinem Leibe sonst sah,
War nicht's mindeste Geräthe da.

4. Nach Büchern brauchte man gar nicht zu fragen
Dann diese thaten ihm niemals behagen,
Und ausser einer einzigen Predigt nur
Besaß er nicht die geringste Scriptur.

5. Ein Freund hatte ihm selbige verehret
Und sie ihm nach und nach auswendig gelehret
Damit er doch einmal ohne Beschwer
Zu Hause könnt predigen wenns nöthig wär.

6. Es that also der Gedanke bey ihm aufsteigen
Wie er sich daheim den Aeltern könnt zeigen,
Damit man nicht auf diese Manier,
Den kahlen Zustand der Sachen erführ.

7. Zuletzt fiel es ihm ein, zu sagen
Wenn man nach Koffer und Mantelsack wolt fragen
Daß ihm alles gestohlen wär
Auf seiner Reise gen Hause her.

8. Auch thaten einige Seufzer entstehen;
Armer Hieronime! wie wirds dir ergehen
Wenn man dich einmal examinirt
Denn du hast nichts gelernt noch studirt?

9. Zwar hatt's ihm herzlich gereut und verdrossen
So daß er fast Tränen darob vergossen,
Weil er für alle Kosten und Zeit
Nicht erworben mehrere Gelehrsamkeit.

10. Aber alles sein trachten, dichten und denken
Wünschen, seufzen, jammern und kränken
Brachten ihm itzo keinen Gewinn,
Dann die Zeit war einmal dahin.

11. Uhn

11. Um also seine Grillen zu verlieren,
Ließ er Formaliter invitiren
Seine Freunde auf der Universität,
Und gab ihnen den Schmaus zum Valet.

12. Hier wurde dann tapfer nochmal geschmauset
Getrunken, gelärmet und gesauset
Bis endlich der traurige Morgen kam
Und Hieronimus Abschied nahm.

13. Dieser ging ihm recht sehr zu Herzen
Und erregte ihm fast herbe Schmerzen,
Ja, er hat würklich laut geweint
Und im Arm seiner Freunde gegreint

14. Eh er aber sein Abe genommen
Ist er vorher zum Professor gekommen,
Dieser hat ihm, für baares Geld,
Ein akademisch Gezeugniß zugestellt.

15. Es ist zwar nicht gar löblich gewesen,
Doch Hieronimus, ohne es zu lesen
[Denn es war gesezt in griechsch und latein.]
Steckte es in dem Schubsack hinein.

16. Ich lasse ihn also nach Hause reisen
Und vorher will ich noch dem Leser weisen
Im oben bevorstehenden Kupferblat
Wies um seine Gelehrtheit gestanden hat.

Siebenzehntes Kapitel.

Wie Hieronimus mit Stiefeln und Sporen bey den lieben Seinigen wieder angelanget ist.

1. Als einst nach eingenommener Mittagsspeise
   Der Senator Jobs [denn es war so seine Weise]
   Mit seinem Pfeifchen im Lehnstuhl saß
   Und die politische Zeitung las;

2. Indeß Frau Jobs einiger Sachen wegen
   In der Küche ein kleines Lärmen that erregen;

Auch

  Auch sonst einige Anordnung gemacht
  Und keine Seel an was böses gedacht;

3. kam ein stolzer Reuter mit starken Schritten
 Auf der Strasse eilig daher geritten
  Und gleich hörten sie, Knall und Fall
  Vor der Hausthür einen Karbatschenschall.

4. Ob diesem fast fürchterlichen Knallen
 Ließ Jobs die Zeitung aus der Hand fallen,
  Und die Pfeiffe selbst, war in Gefahr;
  Frau Jobs aber verstummte gar.

5. Aber aus diesem recht panischen Schrecken,
 That der Reuter sie doch bald erwecken;
  Weil er, im völligen Reisestaat,
  Zu ihnen in die Stube trat.

6. Die Alten schienen beyde ihn nicht zu kennen,
 Er wolte sich auch vorerstlich nicht nennen
  Bis endlich der gute Vater, da,
  In Ihm, seinen lieben Hieronimus sah.

7. Es fehlt mir schier an allen nötigen Dingen
 Die gewaltig grosse Freude zu besingen
  Welche der fromme Senator empfand,
  Fast entging ihm aller Verstand.

8. Auch die Mutter konnte sich nicht fassen
 Noch vor Freude Händ und Füsse lassen
  Als sie ebenfalls itzt und nunmehr
  Sah, daß es Hieronimus wär.

9. Fast hätten im Uebermaas der Freude
 Klare Tränen geweinet alle beyde

Und das Willkomm! und, dem Himmel sey dank!
Und so weiter, währete lang.

10. Es waren auch darauf nicht minder,
Des Senator Jobsens übrige Kinder
Alle zusammen, bey der Hand,
Und kein einziges hat ihn gekannt.

11. Es war recht spaßhaft anzusehen
Wie sich die Kinder thaten begehen:
Eins hielt ihn für'n grossen Herrn
Welcher gekommen wäre von fern,

12. Das andere hielt ihn, wegen dem Degen
Und der übrigen gefährlichen Kleidung wegen,
Für einen, der Kinder im Sack steckt
Besonders wurden die jüngsten erschreckt.

13. Aber höchst lustig ging es mit der Esther
Unsers Hieronimi allerjüngsten Schwester
Dann sie hielt ihn noch lange hernach
Für'n fremdem Oheim von Gengenbach.

24. In den drey Jahren, die er dort verschlendert,
Hatte sich seine Person sehr verändert
Und er war dick geworden am Bauch
Sein Bart ziemlich gewachsen auch.

15. Es war also eben kein Wunder zu nennen,
Wenn ihn anfangs niemand mochte kennen,
Besonders, da sein Studentenhabit
Auch nicht, wer er eigentlich war, verrieth.

16. Ein sehr grosser Hut, mit einer Feder,
Hose und Weste von gelbem Boksleder,
Ein kurzes Kollet von grauem Tuch,
Verstellte den Hieronimus genug.

17. De

17. Dabey kam ein mächtig grosser Degen
Welcher, der mehrerern Sicherheit wegen,
Sowohl zum Stiche, als Hiebe, im Streit,
Eingerichtet war spitz und breit.

18. Imgleichen die martialische Mine
Welche Tod und Wunden zu drohen schiene;
Die Haare hingen struppicht am Kopf
Und den Nacken drückte ein dicker Zopf.

19. Diese und mehr seltsame Kleidungstücke
Zogen bald auf sich des Vaters Blicke
Denn ein sittsames schwarzes Kleid
Hätte den Alten weit mehr erfreut.

20. Auch wolt des Hieronimus übriges Betragen
Dem alten Vater Jobs nicht zum besten behagen,
Weil bey dem Hieronimus fort und fort
Flüche erfolgten auf jedes Wort.

21. Er gab ihm also deutlich zu verstehen,
Daß er nun anders sich möchte begehen,
Denn ein junger Theologus
Müsse leben nach geistlichem Fuß.

22. Als er kurz drauf nach dem Koffer gefraget,
Hat Hieronimus alsobald gesaget
Und dabey kräftig geschworen: daß er
Vom Postwagen jüngst ihm gestohlen wär.

23. Diese Nachricht, daß er den Koffer verlohren,
Klang unangenehm in des Vaters Ohren
Und er fieng zu Knurren drob an,
Hätts es nicht die Mutter gethan.

24. Denn

24. Denn sie hielte den Alten zurücke,
Sprach, das ist ja ein Ungelücke
Woran unser lieber Sohn nicht Schuld,
Er ergabe sich also in Geduld.

25. Indessen verbreitete auch das Gerüchte,
Des Hieronimus Wiederkunftsgeschichte,
Ueberall in dem Städtelein aus
Und wälzete sich von Haus zu Haus.

26. Der ganzen Bürgerschaft schien dran gelegen
Und überall that sich Verwunderung erregen,
Und wo ein Mensch nur den andern sah
So hieß es: Hieronimus ist wieder da.

27. Es wurde übrigens angenehm und freudig
In Senator Jobsens Hause allerseitig;
Der Rest des übrigen Tages verbracht
Und weiter nicht an den Koffer gedacht.

28. Hieronimus labte sich, an Tranck und Speise
Weidlich, dann er war matt von der Reise;
Rauchte dabey auch ohne Beschwer
Des Vaters grossen Tabacksbeutel leer.

Acht-

Achtzehntes Kapitel.

Wie Hieronimus nun anfing geistlich zu
werden und er ein schwarzes Kleid
und eine Perrücke bekam, und
wie er auf der Kanzel zum
erstenmal predigte und
so weiter.

1. Als nun der andre Morgen vorhanden,
   Und alles im Hause war aufgestanden
   Und beym Frühstück und Kaffetisch
   Jeder sich befande munter und frisch,

2. Hub der Vater an zu Diskuriren:
   Mein lieber Sohn! es will sich gebüren
   Daß deine bisherige Kleiderey
   Anders in Zukunft beschaffen sey.

3. Vorab, must du den schrecklichen Degen
   Von deiner Seite, von nun an, legen,
   Weil ein Geistlicher niemals nicht
   Anders als mit der Bibel ficht.

4. Auch das graue Kollet und die Lederne Weste,
   Nebst Hosen, Stiefeln und dem übrigen Reste,
   Wie auch den mächtigen Federhut;
   Denn alles dis steht keinem Geistlichen gut.

5. Dann wann jemand diesen Anzug sähe
   Möchte er billig denken: o wehe!
   Das könnte eher ein Kürassier
   Seyn, als ein künftiger Pfarrer hier!

6. Als

6. Wisse auch, daß eine runde Perrücke
   Auf dem geistlichen Kopf sich besser schicke;
      Denn diese lässet ehrwürdig und wohl,
      Ein struppichtes Haar und Zopf läßt toll.

7. Ich habe also mir vorgenommen
   Um zu lassen den Schneider kommen,
      Damit dir dieser ein schwarzes Kleid
      Und einen Mantel noch mache heut.

8. Auch ist der Perrückenmacher bestellet
   Damit er, wenn es dir gefället
      Zu deines Kopfes künftiger Zier
      Eine Perrücke bringe dir.

9. Das wird ein ehrbahres Ansehen dir geben.
   Es ist aber auch nötig daneben
      Daß du hinführo nicht mehr so fluchst
      Sondern auch geistlich zu leben suchst.

10. Hieronimus hörte zwar etwas spröde
    Seines alten Vaters vernünftige Rede,
       Doch ließ er sich endlich ebenfalls
       Alles gefallen und bereden zu alls.

11. Man sah ihn darauf eh der Tag noch vergangen,
    Im schwarzen Kleide und Perrücke prangen
       Es war auch ein weisses Krägelein da
       Gemacht von der Mutter manu propria.

12. Geistlich staffirt vom Kopf bis zu Füssen
    That er nun den Aeltern kund und zu wissen,
       Daß er, zu predigen in dieser Livrey
       Am künftigen Sonntag, gesonnen sey.

E

13. Er

13. Er hat sich auch treu des versprechens entledigt
Und am folgenden Sonntag würklich geprediget
Und ohne einen sonderlichen Anstos,
Ward er glücklich der Predigt los.

14. Dann, wie oben, Kapitel sechszehn, gehört,
Hatte ein Freund ihm eine Predigt verehret,
Diese kam ihm vortreflich zur Hand
Weil er sie ganz auswendig verstand.

15. Sie war gar vortreflich komponiret
Mit vielen erbaulichen Sprüchen gezieret
Und so voll vom gelehrten Tand,
Daß sie Hieronimus selbst nicht verstand.

16. Auch sein äusserer Anstand war prächtig,
Seine Arme und Hände bewegte er mächtig
Und der Stimme starker Tenor
Drang den Zuhörern stattlich ins Ohr.

17. Es wurde übrigens von vielen hundert
Zuhörern, seine Predigt bewundert
Viele stiessen die Köpfe an
Und sagten: "Das gibt ein ganzer Mann!

18. "Wer Henker hätte das denken sollen
"Das so was einst hätte werden wollen
"Aus des Jobsens dummen Hieronimus?
"Er erregt ja Verwundernus!

19. Auch waren alle Verwandten gegenwärtig
Und gaften Hieronimum an, der so fertig,
Als hätte er längst gestanden im Amt,
Sie erbauen konnte allesamt.

20. Aber,

20. Aber, ich vermag nicht, das Entzüken
Der beeden guten Aeltern auszudrücken
Denn sie hielten nun beyderseits
Ihn für den größten Redner bereits.

21. Als nun der Gottesdienst verrichtet,
Ward ein groß Freudenmaal angerichtet
Und in Senator Jobjens Haus
Kamen alle Verwandten zum Schmaus.

22. Da hat man, während dem Mittagsessen,
Nichts zu Hieronimi Lobe vergessen
Und man trank öfters, zu dieser Zeit
Aus grossen Glässern seine Gesundheit.

23. Es ward auch zu denselbigen Stunden
Von der ganzen Versammlung für gut befunden,
Daß bey obwaltenden Umständen nunmehr
Zu des Hieronimus grössern Ehr;

24. Er es nächstens müsse wagen
Und sich zum Kanditaten lassen schlagen
Damit er in optima Forma hie
Werde Kandidatus Ministerii.

25. Zwar wäre es dieserhalb wohl vonnöthen
Vorerst vors Examen hinzutreten,
Doch bey der gezeigten Gelehrsamkeit
Hätte dieses keine Schwürigkeit.

26. Um de mehr da der hiesige Pfarrer schwächlich
Wäre, so könnte Hieronimus gemächlich
Und ohne allen Zanck und Geschrey
Antreten die erledigte Pfarrey;

E 2   27. Wenn

27. Wenn es nämlich bald glücklich gelinge
Daß der Pfarrer den Weg alles Fleisches ginge,
Dann seine kränkliche Konstitution
Liesse dieses fest hoffen schon.

28. Hieronimus vermochte so viel Gründen und Flehen
Nunmehro nicht länger zu wiederstehen,
Er gab also, obgleich ängstlich genung
Dazu seine Einwilligung.

29. Er leerete übrigens zwar mit Vergnügen
Manches grosse Glas in starken Zügen,
Doch wenn er ans künftige Examen gedacht
So hat ihm dieses ein Grausen gemacht.

30. Endlich suchte er seine traurige Grillen
Durch einen tüchtigen Rausch zu stillen,
Obgleich seyn Misfallen der alte Jobs
Bezeigte, durch ernsthaftes Schütteln des Kopfs.

Neun-

Neunzehntes Kapitel.

Wie Hieronimus zum Kandidaten examinirt ward, wie es ihm dabey erging.

1. Indeß ist es beym Entschluß geblieben
   Und nach wenigen Wochen hat man verschrieben
   Die ganze hochehrwürdige Klerisey
   Zu Hieronimus Examen herbey.

2. Jedoch, wie Ihm ob solcher Gefahre
   Des nahen Examens zu Muthe ware
   Und seyn gemachtes ängstliches Gesicht,
   Dis alles begreift der Leser nicht.

3. Es wäre also solches zu schildern vergebens.
   Die fürchterlichste Stunde seines Lebens,
   Nahte nunmehro endlich herzu;
   Ach! du armer Hieronimus, du!

4. Nenne mir nun, Jungfer Muse; die Namen
   Der geistlichen Herrn, welche zum Examen
   Aus jeder Gegend der schwäbischen Welt
   Am bestimmten Tage sich eingestellt.

5. Der erste war der Herr Inspektor
   In der Lehre stark wie ein andrer Hektor,
   Ein stattlicher dick gebauchter Mann;
   Man sah ihm gleich den Inspektor an.

6. Seine Verdienste schafften ihm diese Würde,
   Er trug übrigens seines Amtes Bürde

Gebuldig und mit gar frohem Muth
Und aß und tranck täglich gut.

7. Nach ihm kam der geistliche Assessor
Ein Mann von Person zwar etwas grösser,
Doch am Körper und Waden dünn
Und von etwas mürrischem Sinn.

8. Er triebe nebst der geistlichen Sache
Verschiedene Stücke aus dem ökonomischen Fache
Und tranck nur Bier und schlechten Wein,
Denn seine Einkünfte waren klein.

9. Auch Herr Krager ein Mann von hohen Jahren
In den Kirchenvätern sehr wohl erfahren,
Die er, so oft die Gelegenheit kam,
Seinen Satz zu erweisen hernahm.

10. Auch Herr Krisch, ein Mann von guten Sitten
Ungemein starck in Postillen beritten
Wobey er sich so gut und noch besser befand
Als der beste Pfarrer im Schwabenland.

11. Auch Herr Beff, ein weidlicher Linguiste
Und in Leben und Wandel ein ziemlicher Christe
Im Vortrag ein ewiges Einerley,
Doch niemals gegen Orthodoxey.

12. Auch Herr Schrei, starck in der Rede
Weder in Gesellschaften, noch auf der Kanzel blöde,
Lebte übrigens munter und frisch
Mit seiner Köchin exemplarisch.

13. Auch Herr Plotz, ein Mann wie ein Engel
Er hatte zwar in der Jugend viele Mängel

Nach

Nachdem er aber sein Amt trat an
Ward er ein frommer braver Mann.

14. Er hielte seine hochgeliebte Gemeine
Von allen Lastern und bösen Wesen, reine,
Und strafte zur Zeit und zur Unzeit
Alle und jede, doch nach Gelegenheit.

15. Auch Herr Keffer, nie müde in Lehr und Strafen
Er nahm sich treulich an seiner Schafen,
Doch fande sich in der Heerde sein,
Mancher hartnäckigter Bock mit ein.

16. Oft war er, um sie zurechte zu führen
Er deshalb genötiget zu processiren,
Dann er verstand die Jura, in der That,
So gut als der beste Advokat.

17. Auffer diesen obengenannten, kamen
Noch mehr geistliche Herrn zum Eramen
Die ich nicht alle Mann für Mann
Sogar genau mehr nennen kann.

18. Als nun die ganze geistliche Schaare
Der hochehrwürdigen Herrn beysammen ware
So setzten, prämissis prämittendis
Sich alle um einen grossen Tisch.

19. Hieronimus trat mit Zittern und Zagen,
Vor die sämtliche Gesellschaft der weissen Kragen
Und scharrete ihnen demütig den Gruß.
O weh dir! o weh dir! Hieronimus!

20. Zuvorderst erkundigten die Eraminatores
Sich nach seinen bisherigen Sitten und Mores

Und

Und fragten Ihn bald, ob er auch hät
Ein Zeugniß von der Universität?

21. Hieronimus ohne sonderliche Umstände
Gab das Attest in des Inspektors Hände,
Welcher dasselbe alsbald dann luß;
O weh dir! o weh dir, Hieronimus!

22. Es war zwar wie oben schon angeführet
In Latein und Griechisch koncipiret
Folglich zu lesen ein schweres Stück,
Doch verstund zu allem Unglück,

23. Der Inspector etwas von den Sprachen,
Um hier die nötigste Dolmetschung zu machen;
Dann für jeden andern geistlichen Herr
War die Uebersetzung zu schwer.

24. Damit nun hier nichts möge fehlen,
Will ich dem geneigten Leser erzählen,
Was eigentlich in dem Attestat
Von Wort, zu Worte gestanden hat.

25. Zuerst Name und Titel vom Profeſſer
Und in drey Buchstaben, etwas grösser
Wünschte er, durch L. B. S. dem
Lectori Benevolo Salutem!

26. Sintemal und immaſſen drey Jahre
Und einige Wochen, hieselbst ware
Herr Hieronimus Jobsius
Als Theologiä Studiosus.

27. Derselbe aber abzureisen nunmehro
Ernstlich ist gesonnen, und dero=
halben um ein schriftlich Attestat
Mich geziemendermaſſen hat.

28. So

28. So habe ich nicht unterlassen können
Ihme solches schriftliches Zeugnis zu gönnen:
Daß derselbe alle viertel Jahr
Bey mir einmal im Kollegio war.

29. Ob er sich sonst des Studirens privatim
beflissen,
Wird ihm wohl sagen sein eigen Gewissen,
Dann in diesem schriftlichen Bericht
Behaupte und zeuge ich solches nicht.

30. Und von seinem sonstigen Betragen
Wäre zwar nicht viel gutes zu sagen
Allein, die Christliche Liebe will
Daß ich davon hier schweige still.

31. Uebrigens wünsch ich ihm auf alle Weise
Hiedurch eine glückliche Abreise
Und der gütige Himmel leite Ihn
Künftig zu allem guten hin.

32. Was man für grosse Augen gemachet,
Und daß Herr Hieronimus nicht gelachet,
Als man den Inhalt fand dergestallt,
Ein solches begreifet der Leser alsbald.

33. Indeß ist es für dismal geschehen
Daß man die Sache hat übersehen
Und man redete von dem Attest
Aus christlicher Erbarmung und Liebe das Best.

34. Dann die Herrn dachten weislich zurücke
Daß sie auch wohl, viele lustige Stücke
Auf Akademien getrieben vor dem;
Man schritte also weiter ad rem.

35. Der

35. Der Herr Inspektor machte den Anfang
Hustete viermal mit starkem Klang
Schneuzte und räusperte auch viermal sich
Und fragte; Indem er den Bauchstrich:

36. Ich, als zeitlicher *pro tempore* Inspektor,
Und der hiesige Geistlichkeit Direktor
Frage Sie: *Quid sit Episcopus?*
Alsbald antwortete Hieronimus:

37. Ein Bischof ist, wie ich denke,
Ein sehr angenehmes Getränke
Aus rothem Wein, Zucker und Pomeranzensaft
Und wärmet und stärkt mit grosser Kraft.

38. Ueber diese Antwort des Kandidaten Jobses
Geschah allgemeines Schütteln des Kopfes
Der Inspektor sprach zu erst hem! hem!
Drauf die andern secundum ordinem.

39. Nun hub der Assessor an zu fragen:
Herr Hieronimus! thun sie mir sagen
Wer die Apostel gewesen sind?
Hieronimus antwortete geschwind:

40. Apostel nennet man grosse Krüge
Darin gehet Wein und Bier zur Gnüge,
Auf den Dörfern, und sonst beym Schmaus
Trinken die durstigen Bursche daraus.

41. Ueber diese Antwort des Kandidaten Jobses
Geschah allgemeines Schütteln des Kopfes
Der Inspektor sprach zuerst hem! hem!
Drauf die andern secundum ordinem.

42. Nun

42. Nun traf die Reihe den Herrn Krager
Und er sprach: Herr Kandidat! sag er
Wer war der heilige Augustin?
Hieronimus antwortete kühn:

43. Ich habe nie gehört oder gelesen
Daß ein andrer Augustin gewesen,
Als der Universitätspedell Augustin,
Er citirte mich oft zum Prorektor hin.

44. Ueber diese Antwort des Kandidaten Jobses
Geschah allgemeines Schütteln des Kopfes
Der Inspektor sprach zuerst hem! hem!
Drauf die andern secundum ordinem.

45. Nun folgte Herr Krisch ohn verweilen
Und fragte: Aus wie vielen Teilen
Muß eine gute Predigt bestehn
Wenn sie nach Regeln soll geschehn?

46. Hieronimus, nachdem er sich eine Weile
Bedacht, sprach: die Predigt hat zwey Teile
Den einen Teil niemand verstehen kan
Denn andern Teil aber verstehet man.

47. Ueber diese Antwort des Kandidaten Jobses
Geschah allgemeines Schütteln des Kopfes,
Der Inspektor sprach zuerst hem! hem!
Drauf die andern secundum ordinem.

48. Nun fragte Herr Beff der Linguiste:
Ob Herr Hieronimus auch wohl wüste
Was das hebräische Kübbuz sey?
Und Hieronimus antwortete frey:

29. Das

49. Das Buch, genannt Sophiens Reisen
 Von Memel nach Sachsen, thut es weisen?
  Daß der Mann den Sophie bekam
  Ein Magister gewesen Kübbuz mit Ram.

50. Ueber diese Antwort des Kandidaten Jobses
 Geschah allgemeines Schütteln des Kopfes
  Der Inspektor sprach zuerst hem! hem!
  Drauf die andern Secundum ordinem.

51. Nun kam auch an den Herrn Schrele,
 Den Hieronimus zu fragen, die Reihe
  Er fragte also: Wie mancherley
  Die Gattung der Engel eigentlich sey?

52. Hieronimus that die Antwort geben:
 Er kenne zwar nicht alle Engel eben
  Doch wär ihm ein blauer Engel bekannt.
  Auf dem Schild, in der Schenke zum Engel, ge-
                                    nannt.

53. Ueber diese Antwort des Kandidaten Jobses
 Geschah allgemeines Schütteln des Kopfes
  Der Inspektor sprach zuerst hem! hem!
  Drauf die andern secundum ordinem.

54. Herr Plotz hat nun fortgefahren
 Zu fragen: Herr Kandidate! wie viel waren
  Concilia oecumenica?
  Und Hieronimus antwortete da:

55. Als ich auf der Universität studiret
 Ward ich oft vors Concilium citiret
  Doch betraf solches Concilium nie
  Sachen aus der Oekonomie.

                              56. Ueber

56. Ueber diese Antwort des Kandidaten Jobses
Geschah allgemeines Schütteln des Kopfes
Der Inspektor sprach zuerst hem! hem!
Drauf die andern secundum ordinem.

57. Nun folgte Herr Keffer der geistliche Herre
Seine Frage schien zu beantworten schier schwere
Sie betraf der Manichäer Ketzerey
Und was Ihr Glaube gewesen sey?

58. Antwort: Ja, diese einfältige Teufel
Glaubten, ich würde sie ohne Zweifel
Vor meiner Abreise bezahlen noch
Ich habe sie aber geprellet doch.

59. Ueber diese Antwort des Kandidaten Jobses
Geschah allgemeines Schütteln des Kopfes
Der Inspektor sprach zuerst hem! hem!
Drauf die andern secundum ordinem.

60. Die übrigen Fragen, welche man proponiret
Lasse ich hier, aus Mangel des Raums, unberühret
Denn sonst machte das Protokoll
Wohl mehr als sieben Bogen voll.

61. Sintemal man noch vieles gefraget
Worauf Hieronimus die Antwort gesaget
Auf obige Weise, Stück vor Stück
Aus Dogmatick, Polemick und Hermenevtick.

62. Imgleichen sonst noch manche Sachen
Aus der Kirchenhistoria und Sprachen
Und was man einem geistlichen Mann
Sonst wo, zur Prüfung noch fragen kann.

63. Ueber

63. Ueber alle Antworten des Kandidaten Jobses
Geschah allgemeines Schütteln des Kopfes
Der Inspektor sprach zuerst hem! hem!
Drauf die andern secundum ordinem.

64. Als nun die Prüfung zu Ende gekommen
Hat Hieronimus einen Abtritt genommen
Damit man die Sache nach Kirchenrecht
In Ueberlegunge nehmen möcht:

65. Ob es mit gutem Gewissen zu rathen
Daß man in die Klasse der Kandidaten
Des heiligen Ministerii, den
Hironimum aufnehmen könn.

66. Es ging also an ein Votiren
Doch ohne vieles Disputiren
Ward man einig alsobald:
Es könne zwar dermal und solchergestalt

67. Herr Hieronimus es gar nicht verlangen
Den Kandidaten Orden zu empfangen
Jedoch aus besondrer Konsideration
Wolte man stille schweigen davon.

68. Es hat auch würklich in vielen Jahren
Kein Fremder davon etwas erfahren
Sondern jederman hielte früh und spat
Denn Hieronimum für einen Kandidat.

Zwanzigstes Kapitel.

Wie der Autor gar bemütiglich um Vergebung bittet, daß das vorige Kapitel so lang gewesen und wie er verspricht, daß das gegenwärtige Kapitel desto kürzer seyn solle. Ein Kapitel, wovon die Rubrik länger ist, als das Kapitel selbst, und welches, unbeschadet der Geschichte, wohl hätte wegbleiben können.

1. Ich bitte um Verzeihung allen die mich lesen
Daß voriges Kapitel so lang gewesen,
Dafür soll auch dieses Kapitelein,
Liebe Leser! desto kürzer seyn.

Ein und zwanzigstes Kapit[el]

Wie Vater Jobs der Senator, dem [Hie]ronimus eine Strafpredigt halten th[ut.] Und wie er vor Verdruß starb.

1. Nun hätte man sollen das lärmen sehen
 Was da in Jobses Hause geschehen,
 Weil es, wie gesagt, nicht allerding
 Mit dem Examen nach Wunsche ging.

2. Aber was that denn des Hieronimi Vater?
 Lieber Leser! du magst wohl fragen: was th[at]
 Er gerieth drob im grossen Grimm,
 Und zu seinem Sohn: "du Lüm-

3. "mel! hab ich drum so viel angemendet
 "Und ganze Hände voll Geld verschwendet,
 "So daß fast worden zum armen Mann,
 "Und habe itzt nur Verdrus daran?

4. "Hättest du fleissiger gestudiret
 "Und dich rechtschaffener aufgeführet
 "So wärest itzo nunmehro hie
 "Ein Kandidatus Ministerii!

5. "Und bekämest bald eine gute Pfarre
 "Aber du bist nun ein ungelehrter Narre
 "Der nichts von der Theologie versteht
 "Und sein lebenlang Brodlos geht!

6. "Deine Mutter und ich hofften beyde
 "An dir zu erleben viele Freude
 "Und nun haben wir bittern Verdrus
 "Ob dich, bösen Hieronimns!

7. "Al-

7. „Alles was du vormals mir geschrieben,
„Als hättest du die Studia getrieben,
„Und wärest von allen der Fleißigste
„Sind lauter Lügen, wie ich nun seh.

8. „Auch was du vom Privatissimo,
„Und zehn Stunden im Kollegio,
„Von der Professoren Zufriedenheit,
„Vom Thee trinken in der Einsamkeit,

9. „Item, von den vielen gelehrten Dingen
„Wovon dir der Kopf wolte zerspringen
„Vom Meditiren bis in die Nacht,
„Und sonst noch etwa hast vorgebracht;

10. „Auch daß dein Magen vom vielen Sitzen und Lesen
„Geschwächet und verdorben gewesen
„Das alles ist, wie sich nun befindt
„Nichts gewesen, als Lügen und Wind.

11. „Hätte ich doch ehemals unsers frommen
„Rektors, guten Rath angenommen
„Der es deutlich genug sagte mir:
„Es würde niemals was gutes aus dir!

12. „So wäre das viele Geld ersparet
„Und manches Kapital rund bewahret,
„Das du, böser, unnützer Knecht!
„Auf der Universität verzecht.

13. So war ohngefähr die Predigt beschaffen
Die der Alte hielte, den Sohn zu bestrafen
Und Er hätte im ersten Affekt
Fast den Hieronimus mit Prügeln bedekt.

F   14. Weil

14. Weil indeſſen Zürnen und Schelten,
 Für die Geſundheit zuträglich iſt ſelten,
 So fiel auch den guten alten Mann
 Gleich eine heftige Krankheit an.

15. Denn Er litte oft in geſunden Tagen
 Vom ſchmerzlichen Podagra viele Plagen.
 Sein Rathsherrnſtand, guter Appetit und Ruh
 Diſponirten den Körper dazu.

16. Nun aber verlieſſen ihn plötzlich die Schmerzen
 Und das Podagra trat Ihm zum Herzen
 Und nach vier und zwanzig Stunden Zeit
 Wanderte Er aus der Zeitlichkeit.

17. Alles im Hauſe rang nun die Hände
 Und des Klagens und Jammerns war kein Ende,
 Daß Hieronimus ſelbſt ſogar
 Kaum darüber zu tröſten war.

18. Der Leſer möchte vielleicht gähnen
 Wenn ich dieſe traurige Scenen
 Näher beſchrieb, ich laſſe drum nun
 Den Senator Jobs in Frieden ruhn.

Zwey und zwanzigstes Kapitel.

Wie Hieronimus beynahe ein Informator eines jungen Barons geworden wäre.

1. Obgleich nunmehro schon vierzehn Tage
   Der alte Senator Jobs im Grabe lage;
   So dachte doch noch dann und wann
   Die Witwe Jobsen an den seligen Mann.

2. Hieronimus bekam indessen sein Futter
   Bisher noch zu Hause von der Mutter
   Und hätte in solchem Müssigang
   Zugebracht gerne sein Lebenlang;

3. Wenn ihm nicht wäre der Vorschlag geschehen
   Sich nunmehro anderswo umzusehen,
   Wo er in der Zukunft bequem,
   Seinen Unterhalt gebührlich hernähm.

4. Denn die Hofnung eine Pfarre zu bekommen,
   War dem armen Schelm gänzlich benommen
   Nachdem die gelernte Predigt einmal
   Gehalten war auf den Dörfern überall.

5. Sintemal nun manche grosse Geister
   Ihr Glücke gemacht als Hofmeister,
   So fiel es auch dem Hieronimus ein
   Irgendwo Hofmeister zu seyn.

6. Das Glück schien ihm nicht ungeneiget
   Denn es hat sich ohngefähr gezeiget
   Nach etwa dreyer Monaten Zeit
   Für ihn eine schöne Gelegenheit.

7. Dann

7. Dann ein benachbarter Herr von Adel
Suchte einen Informator ohne Tadel
Für billige Kost und acht Gulden Lohn
Bey dem jungen Baron, seinem einzigen Sohn.

8. Religion, Sitten, fünsterley Sprachen
Schreiben, Rechnen und dergleichen Sachen
Philosophie, Physick, Geographie
Mathematick, Hiestorie, Poesie,

9. Zeichnen, Musick, Tanzen, Fechten, Reiten
Et cætera, waren blos die Kleinigkeiten
Welche für die acht Gulden Lohn
Lernen solte der junge Baron.

10. Es liessen also Ihro Gnaden
Den Kandidaten Hieronimus zu sich laden
Und fragten: ob er für die acht Gulden Lohn,
Uebernehmen wolte die Information?

11. Hieronimus antwortete: Gnädiger Herre!
Das Informatoramt ist sauer und schwere
Und es wären acht Gulden schier
Viel zu weniges Lohn dafür.

12. Doch, um Eure Gnaden zu gefallen,
Entschliesse ich mich sofort zu allen,
Und nehme den jungen Herrn Baron
Gleich in meine Information.

13. Der Haydel war also nun getroffen,
Bis sich zuletzt wieder alles verhoffen
Noch eine kleine Schwürigkeit fand
Welche blosserdings darin bestand:

14. Di

14. Ob auch Hieronimus in den verlangten Sachen
　　Die erforderliche Proben könne machen
　　　Welche für die acht Gulden Lohn
　　　Lernen solte der junge Baron?

15. Da hat sich aber balde gewiesen
　　Daß Hieronimus von allen diesen
　　　Sachen, selbst nichts gewust, die von
　　　Ihm lernen solte der junge Baron.

16. Er ward also in Frieden entlassen
　　Und zog wieder heim seine Strassen
　　　Und verwünschte die Information
　　　Zum Henker, mit dem jungen Baron.

17. Ihro Gnaden aber suchten kreuz und queere
　　Ob ein anderer aufzutreiben wäre
　　　Welcher für die acht Gulden Lohn
　　　Uebernehme die Information.

18. Ob Er für die acht Gulden biß zu heutigen Stun-
　　　　　　　　　　　　　　　　　den
　　Einen solchen gelehrten Informator gefunden,
　　　Ist etwas, das ich nicht sagen kann
　　　Es geht mir auch in der That nicht an.

Drey

Drey und zwanzigstes Kapitel.

Wie Hieronimus ein Hausschreiber ward, bey einem alten Herren, welcher eine Kammerjungfer hatte, mit Namen Amalia, und wie er sich gut aufführte bis im folgenden Kapitel.

1. Unter allen Ständen, die da werden
Angetroffen auf unserer Erden,
Ist, zweifels ohne, wie bekannt,
Der Witwenstand der betrübtste Stand.

2. Wo der Mann, als das Haupt des Weibes
Fehlt, da steht es um die Pflege des Leibes
Und um die ganze Haushaltung schlecht
Und nicht das geringste geht zurecht.

3. Die Einkünfte werden nach und nach vermindert,
Die unentbehrliche Narung wird verhindert
Und gleich wie in einem Jammerthal
Ist Angst, Noth Elend überall.

4. Frau Jobs hat dis auch, leider! erfahren,
Denn sie merkte daß gleich in den ersten Jahren
Alles im Hause den Krebsgang ging,
Und sie arm an zu werden fing.

5. Hieronimus nun hat dazu freylich
Das seinige beygetragen getreulich
Denn er lebte in müssiger Ruh,
Aß gut und trank noch besser dazu.

6. Indessen ward doch nun auf die Dauer
Der guten Witwe solche Wirthschaft zu sauer
Und Ihr Hieronimus gereichte fast
Der Oekonomie zur grösten Last.

7. Er hat es auch selbst eingesehen
Daß es nicht länger gut werde gehen
Und erkundigte sich also weit und breit
Um eine andre Gelegenheit.

8. Wie nun gemeiniglich Dumme und Frommen,
Am allerbesten in der Welt fortkommen
So bot auch bey einem Edelmann
Sich abermal für Ihn eine Stelle an.

9. Dieser Herr lebete auf dem Lande
In einem treflichen ruhigen Stande
Und verzehrte als ein bib'rer Kavalier
Seine grosse Einkünfte mit Plässr.

10. Er that in seiner Jugend einige Züge
Im damaligen dreyssigjährigen Kriege
Doch lag er meistens in Garnison
Und schonte so viel möglich seine Person.

11. Indeß ward er bald dieses Lebens müde
Denn er haßte Krieg und liebte Friede
Und hielt folglich als ein tapfrer Mann.
Unterthänigst um seinen Abschied an.

12. Jedoch fand er noch immer viel Vergnügen
Oft zu reden von verschiedenen Siegen,
Und wie Er einmal von ohngefähr,
Auf der Flucht beynahe gefangen wär.

13. Uebri-

13. Uebrigens war er geneigt zu spasen,
Schoß auch wohl auf der Jagd einen Hasen,
Trank bey der Tafel Burgunderwein
Und lebte ohne Gemalin allein.

14. Er war also, in soweit, ein Junggeselle,
Doch war bey Ihm, an der Gemalin Stelle
Eine Kammerjungfer die früh und spat,
Die nötigen Bedürfnisse besorgen that.

15. Er sparte als Greis, den Rest seiner Kräfte
Und bekümmerte sich um keine Geschäfte
Sondern ein treues Bedienten Paar
Besorgete, was zu besorgen war.

16. Der eine war ein schlauer, alter,
Treubefundener Hausverwalter,
Und der andre Herr Bediente war
Ein also genannter Sekretar.

17. Der Verwalter war noch am Leben
Und befand sich beym Dienst nicht uneben
Denn er sorgte klug und weislich
Wenig für'n Herrn und viel für sich.

18. Der Sekretar aber war vor einigen Tagen
Weil er tod war, zu Grabe getragen,
Und also und dergestallt fand
Sich diese wicht'ge Bedienung vakant.

19. Nun war der Verwalter ein alter bekannter
Von Hieronimi Aeltern, und darum wandt er
Als ein treuer dienstfertiger Mann,
Alle Müh, für Hieronimus an.

20. Und

20. Und hat ihn sehr kräftig rekommandiret,
Ihn darauf, in persona, präsentiret
  Bey der Jungfer und beym alten Herrn
  Als einen fähigen Sekretärn,

21. Es hat auch seine Person für allen,
Der Kammerjungfer nicht übel gefallen
  Drum versprach sie ihm steif und fest
  Bey dem Herrn zu reden das Best.

22. Er schien ihr, beym ersten Anblick schon, besser,
Als der vorige Schreiber, sein Antecesser;
  Dann Hieronimus war stark und lang,
  Der vorige aber war mager krank.

23. Aldieweil Er nun, wie gesaget,
Der Kammerjungfer, als der Hauptperson, behaget,
  So gab auch der alte Herr, sofort
  Dazu sein Fiat und adliches Wort.

24. Um ihm desto mehr Gnade zu erweisen,
Muste er sogar dismal mit ihm speisen
  Und der Herr sprach mit freundlicher Stimm,
  Nach geendigter Mahlzeit zu ihm:

25. „Seine Pflicht soll darin bestehen.
„Daß Er nach Vieh und Gesinde muß sehen
  „Und als der geheime Sekretär
  „Schreibe, was etwa zu schreiben wär.

26. „Wird er nun diese seine Amtspflichten
 „Als ein braver Schreiber, ausrichten;
  „So geb ich ihm dafür, alle Jahr,
  „Vierzig harte Reichsthaler baar.

        27. „Se=

27. „Gefällt Ihm diese Bedingung, so bleib Er
„Bey mir, sub titulo als Hausschreiber,
„Und ich verspreche Ihm, wenn Er treu,
„Noch manche Accidenzien dabey,

28. „Doch muß Er es niemals probiren,
„Mit der Kammerjungfer zu haseliren;
„Denn wo etwa solches geschicht,
„So leide ichs, mein Seel! nicht.

29. „Der letztverstorbene Hausschreiber
„Sah gerne Mädchens nnd junge Weiber
„Und es ward mir sogar kund,
„Daß er mit meiner Jungfer gut stund.

30. „Ich hätte ihn gewis prostituiret
„Und ohne viele Umstände kaßiret,
„Weil er aber klein war und schwach;
„So sah ich ihm noch den Fehler nach.

31. „Das Mädchen ist zwar schlau und witzig;
„Aber dabey verzweifelt hitzig,
„Und wie mir gar manchesmal däucht,
„Zu allerley schlimmen Sachen geneigt.

32. „Vor fünf Jahren, unvermutheter Weise,
„Traf ich sie an auf einer Reise,
„Und ihr lustiges Wesen gefiel mir,
„Machte also meine Jungfer aus Ihr.

33. „Er wird übrigens, ohne zu fragen
„Leicht schliessen, was ich hiemit will sagen;
„Denn einmal vor allemal sage ich nu.
„Halte Er mit Amalien nicht zu!

34. Hie-

34. Hieronimus wäre nicht klug gewesen,
    Wenn er nicht, ohne viel Federlesen,
    Auf obige Bedingung geworden wär,
    Sehr gern, der geheime Sekretär

35. Er trat also sein Amt an geschwinde,
    Und sah täglich nach Vieh und Gesinde,
    Schrieb auch auf östers und viel,
    Was etwa zu notiren vorfiel.

36. Zum Exempel: eingekommene Pfächte
    Ausgegebenes Lohn für Mägde und Knechte,
    Der geschossenen Hasen und Rebhüner Zahl,
    Oder wenn man den Herren bestahl;

37. Oder was der Hausadvokat bekommen,
    Oder der Richter extra genommen,
    Oder was auf dem Marckte indeß,
    Man gelöset an Butter und Käß.

38. Oder wenn etwa der Hausschneider,
    Der frommen Amalia ihre Kleider
    Unten und oben weiter gemacht,
    Oder die Kuh ein Kalb gebracht.

39. Oder wenn die Jungfer Unpäslichkeit wegen
    Zur Ader gelassen, oder krank gelegen
    Oder ein Huhn gelegt ein Ey;
    Ausgaben und Einkünste mancherley.

40. Wenn auch etwa Briefe zu schreiben waren,
    So ließ der alte Herr, als Schreibens unerfahren,
    Dem Herrn Sekretär auch diese Müh,
    Und Hieronimus besorgte treulich sie.

41. Mit

41. Mit Hülfe von Talanders Briefsteller,
Ward er in Briefen fertiger und schneller,
[Und dieses zwar gar in kurzer Zeit]
Als je ein Schulmeister in der Christenheit.

42. In den übrigen Stunden ging er müssig,
Aß, trank und schliefe überflüssig,
So, daß er dieses Sekretariat
Sich lebenslänglich gewünschet hat.

Vier und zwanzigstes Kapitel.
Wie dem Sekretar Hieronimus kuriöse Sachen vorkamen, und er weggejaget würde.

1. Geneigter Leser! unsre alte Vorfahren
Waren gewis keine dumme Narren
Sie hatten vielmehr oftermal
Einen klugen und gesunden Einfall.

2. Und sie haben, in ihrem Leben,
Den Nachkommen viel gute Lehren gegeben,
Mancher stets wahr befundener Spruch,
Zeiget noch ihre Weisheit genug.

3. Es ist auch itzo fast in allen Landen,
Unter andern, ein altes Sprüchwort vorhanden
Dessen Gewisheit und Wahrheit man
Noch täglich vor Augen sehen kann.

4. Nämlich: wenn einer soll können tragen
Eine Last von lauter guten Tagen,

So

So muß er mit sehr starkem Gebein
Von der Natur versehen seyn.

5. Dieses alten Sprüchwortes Wahrheit
Zeiget sich auch, mit grosser Klarheit,
Im gegenwärtigen Kapitel, schon früh,
An dem Exempel Hieronimi.

6. Dieser lebte gleich einem Fürsten,
Brauchte weder zu hungern, noch zu dürsten,
Schlief früh ein und erhub sich spät
Nach ruhigem Schlaf, vom Federbett.

7. Es Mangelte Ihm folglich an keinem Stücke,
Doch, es war, zu seinem Unglücke,
Bewuster massen, die Jungfer da,
Welche er täglich verliebt aussah.

8. In ihren Minen und ganzem Wesen
Schien er deutlich zu können lesen,
Daß sie in ihm dem Sekretär
Ebenfals, sterblich verliebet wär.

9. Oft auch, wenn er sie, ganz nahe
Mit Aufmerksamkeit, ins Gesicht sahe;
So that der Gedanke bey ihm entstehn,
Als hät er sie vormals mehr gesehn.

10. Trotz dem Verbote des alten Herren,
Wagt' ers nun, ihr die Liebe zu erklären,
Und so wurden sie bald so vertraut,
Als wären sie Bräutigam und Braut.

11. Doch, in Gegenwart des alten Herren
Schien es ihrer gar nicht zu begehren,

Und

Und er nahm sich vor allem Verdacht
Weislich und so viel möglich, in Acht.

12. Aber, ohne desselben Willen und Wissen,
Brachte in allerley Scherzen und Küssen
Manches geheimes Stündelein um,
Amalia mit dem Hieronimum.

13. Dieses des Hieronimi gutes Betragen,
That dem Mädchen treflich behagen,
Dann für die leere Schmeicheley
Des Herrn, hielt sie der Schreiber frey.

14. Er bekam auch dafür viel schöne Dinge,
Dosen und Hemder, Schnallen und Ringe,
Tücher, Manschetten, Strümpfe, Handschuh,
Halsbinden, Mützen und mehr dazu.

15. Einst hatte er bey ihr, von Amtswegen
Ein Schreibergeschäfte abzulegen
Und da reichte sie ihm sogar
Eine fürtrefliche Sackuhr dar.

16. Er hat sie zwar dankbahrlich angenommen,
Doch gleich, als er sie in die Hand bekommen,
Rief er: Poz tausend Element!
Diese Sackuhr habe ich gekennt.

17. Amalia war zwar etwas betroffen?
Doch gestund sie ihm sofort offen-
herzig, sie habe von einem Student
Sie ehmals erhalten, zum Präsent.

18. Wies doch so wunderlich pflegt zu gehen
Das kann man itzo deutlich hier sehen,

Er-

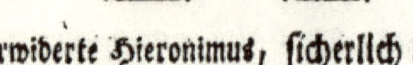

Erwiderte Hieronimus, ficherlich!
Dieser Studente war ich.

19. Und nunmehr haben sich beyde besonnen
Daß schon vor fünf Jahren ihre Bekanntschaft be-
gonnen,
Und aus der gestohlnen Sackuhr
Machte die Jungfer itzt Spaß nur.

20. Und sie haben beyde herzlich gelachet
Und über den Possen sich lustig gemachet,
Daß nunmehr, in die rechte Hand,
Sich die vermißte Uhr wieder fand.

21. Uebrigens war es kein sonderlich Wunder,
Daß die Jungfer nicht im Hieronimus jetzunder
Als Kanditaten und Sekretär,
Den vorigen Studenten kannte mehr.

22. Indessen machte diese lächerliche Affaire
Daß sich beyde, von nun an noch desto mehre,
Zum Possen des alten Edelmanns,
Geliebet haben von Herzen ganz.

23. Ihr Umgang ward also auf die Dauer
Täglich vertrauter und genauer,
Und ihr Löffeln und Buhlerey
Trieben sie fast offenbar und frey.

24. War die Jungfer im Keller oder Garten,
So that der Herr Schreiber ihr aufwarten
Und in Küche, Kammer und Stall
Folgte er nach, ihr überall.

25. So-

25. Sogar, wenn sie etwa nicht, von Pflichtswegen
Den alten Herrn muste wärmen und pflegen
So brach sich Hieronimus den Schlaf ab,
Und ihr nächtliche Visiten gab.

26. Auch bey dem Schreiben und Notiren
That Amalia ihm treulich assistiren
Und befand sich ohne Unterlaß
Bey Ihm, wo er stand oder saß.

27. Sie gab ihm auch manch schönen Lekerbissen
Von des Herren Tafel heimlich zu geniessen
Und vom Kälberbraten und Wildpret
Bekam er immer die Nieren und Fett.

28. Sie brachte ihm noch dabey unter-
weilen, manche Flasche Burgunder
Heimlich aus dem Kellerhaus
Und Hieronimus trank sie aus.

29. So verstrichen in lauter Wollust die Tage
Des Hansschreibers Hieronimi, und ich sage,
Daß kein hochwürdiger Herr Prälat
Jemals besser gelebet hat.

30. Es konnte sich aber, dergestalten,
Dis Leben nicht lange so verhalten,
Dann der alte gnädige Herr
Merckte den Handel, mehr und mehr.

31. Und an statt daß er sonst oft gelachet,
Hat er nun saure Gesichter gemachet
Und er gab deutlich genug zu verstehn,
Die Sache müsse nicht länger so gehn.

32. Zum

32. Zum Ueberflus, führte er noch in aller Güte,
Dem Herrn Sekretären zu Gemüthe,
Daß wenn er Amalien nicht künftig vermied,
So ertheilte er ihm den Abschied.

33. Hieronimus versicherte, auf seine Ehre!
Daß nichts schlimmes vorgegangen wäre,
Und er wolte nun lieber, hinfort
Mit Amalia reden kein einziges Wort.

34. Wenn Er das thut, so kan er bleiben
So lange Er will und bey mir schreiben
Lebenslang, als mein Sekretär!
Erwiderte nun der alte Herr.

35. Obgleich nun, seit diesem Augenblicke,
Hieronimus die verliebte Tücke
Mit der Jungfer heimlicher trieb,
Und desto fleißiger notirte und schrieb;

36. So hat sich dennoch, nach einigen Tagen,
Ein besonderlich Abendtheuer zugetragen,
Als der alte Herr, Abends spät,
Schlaflos sich herumwälzte im Bett,

37. Und deswegen, wie er wohl zu thun pflegte
Einen Besuch bey Amalien ablegte;
Damit sie durch ihre Freundlichkeit
Ihm vertrieb die Schlaflosigkeit.

38. Da geschah alsbald ein groß Wunder;
Dann er fand daselbsten itzunder,
Daß schon Hieronimus der Sekretar,
Bey der Jungfer im Bettlein war.

39. Hin-

39. Himmel! tausend Element! poz Welten!
Da ging es an ein Fluchen und Schelten
Und es wurde noch in derselbigen Nacht,
Hieronimus aus dem Hause gejagt.

40. Es half hier weder bitten noch flehen,
Das Abentheuer war nun einmal geschehen
Und selbst die Kammerjungfer sogar,
Gerieth fast drob in grosser Gefahr.

41. Doch ihre listige Schmäucheleyen
Thaten sie diesesmal noch befreyen,
Aber dem unglücklichen Kandidat
Zu helfen, war nun weiter kein Rath.

Fünf und zwanzigstes Kapitel.

Wie Hieronimus bey einer frommen Dame in Dienst kam, welche eine Bätschwester war, und seiner in Unehren begehrte und wie er von ihr weglief.

1. Die von Amalien erhaltene Gaben,
Hember, Ringe, Schnallen et cætera ha-
haben
Zwar wohl, noch ein kurze Zeit,
Den Hieronimus aus der Noth befreit

2. Nachdem aber alles verkauft und verzehret
Was ihm die gute Jungfer hatte verehret;
So muste er wieder, nolens, volens,
Zur Vermeidung des Hungers und Elends

3. Und

3. Und um nicht vor Kummer zu sterben,
Sich um eine neue Versorgung erwerben,
Und sich desfals irgendwo nun
In eine gute Bedienung thun.

4. Nun lebte auf einem einsamen Schlosse,
Eine verwittibte Dame, die eine grosse
Also genannte Bätschwester war,
Sie war alt und hatte schon graues Haar.

5. Brachte darum mit Bäten und singen
Und lauter andern geistlichen Dingen,
Als eine sehr grosse Heiligin
Schon einige Jahre des Lebens hin.

6. Sie litte nicht die allermindeste Sünde,
An, und bey ihrem sämtlichen Gesinde,
Und versammlete sie täglich zweymal
Zum Singen und Gebät, in ihrem Saal.

7. Sie bestrafte bey ihnen, auf liebreiche Weise
Das kleineste Vergehn, mit Entziehung der Speise
Und hielte viel von Fasten und Kastein
Und von einem halben Nössel Brandewein.

8. Da nun ohne Zweifel, selbst zweten,
Sich besser läßt trinken und Kasteien
Auch überhaupt in Gesellschaft
Man singen kan mit grösserer Kraft

9. So hatte sie schon längst sich umgesehen,
Einen frommen Menschen auszuspähen
Welcher ihr, sowohl spät, als früh,
Möcht leisten geistliche Kompanie.

10. Es

10. Es waren nun zwar viele frommen
 Müßigänger bey Ihr gekommen
  Und hatten, wie sichs ziemt und gebührt,
  Die geistlichen Dienste geofferirt;

11. Aber bisher hatte keiner von allen
 Das Glücke gehabt, ihr zu gefallen,
  Denn bald schien ihr der eine zu alt,
  Bald der andre zu jung noch, und bald

12. War einer zu mager, bald einer zu schwächlich,
 Bald einer ein Krüppel, oder sonsten gebrechlich,
  Bald einer stumm, taub, scheel oder blind,
  Oder ein häuliches Weltkind.

13. Hieronimus that es endlich wagen,
 Seine Dienste ihr anzutragen,
  Als geistlicher Assistens, und, siehe da;
  Er gefiel Ihr, sobald sie ihn sah.

14. Dann er war weder krank noch schwächlich,
 Weder stumm, taub, blind oder gebrechlich,
  Weder zu jung und weder zu alt,
  Auch eben nicht von magrer Gestalt.

15. Seine halbgeistliche Kleidung und Perücke
 Gefiel auch der Alten, im Augenblicke,
  Und versicherte derselben geschwind,
  Daß Er wäre kein Weltkind.

16. Er muste also, bey so gestalten Sachen,
 Die erste Probe noch heute machen
  Und er wohnte, mit grossem Geschrey,
  Der frommen singenden Versammlung bey.

17. Hat

17. Hat auch, mit einem ernsthaften Wesen,
Aus der Hauspostill eine Predigt gelesen
Und That alles mit besonderm Anstand,
Daß die Dame Vergnügen drin fand.

18. Durch ihn ward ihr frommer, geistlicher Eifer
Tag täglich dann immer fester und steifer,
Und ihr, ohnedem christlicher Sinn,
Mehr und mehr erbauet durch Ihn.

19. Sie ließ sich auch von dem frommen Kandidaten
In allen ihren Handlungen leiten und rathen,
Und so ward, in kurtzer Zeit hier,
Hieronimus der Liebling von ihr.

20. Wenn er sich zuweilen auch etwa verginge
Und sich ungeistlicher Dinge unterfinge,
So übersah sie doch immer dis
Als eine menschliche Schwachheit, gewis.

21. Er brauchte auch, pro pöna, solcher gestalten,
Das sonst eingeführte Fasten nicht zu halten,
Sondern er bekam vielmehr, zum Trost,
Lauter leckere und gesunde Kost.

22. Champagner, Kaffe und Chokolade,
Liqueurs, Mandelmilch, Limonade,
Bekam der fromme Hieronimus,
Auch täglich zu trinken, in Ueberflus.

23. Er lebte also, mit einem Worte,
Sehr vergnügt, an diesem heiligen Orte,
Wo er blos nur aß und tranck,
Und zuweilen laß und sang.

24. Das

24. Das schlimmste war, daß er der frommen Dame
Fast gar nicht aus den Augen kame;
Dann sie hatte zu bilden im Sinn
Einen recht frommen Mensch aus Ihn.

25. Wenn er bey ihr im Kanapee sasse
Und aus einem frommen Buch was vorlase,
So streichelte sie das fromme Schaaf,
Und rief entzückt aus: das ist brav!

26. Oft schmiegte sie sich an seine dicke Wangen,
Wenn sie mit einander ein Lied sangen
Und so lagen sie Arm in Arm,
Und sangen so rührend, das Gott erbarm!

27. Bey einem so vertraulichen Wandel,
Merkte zuletzt Hieronimus den Handel,
Daß es der alten Dame nun
Um etwas mehr, als Singen zu thun.

28. Ob dieser so wichtigen Entdeckung,
Ueberfiel ihn eine heftige Schreckung
Und ob solcher grossen Gefahr,
Saß er da fast sprachlos und starr.

29. Als er sich von der ersten Bewegung
Erholet, dachte er, mit vieler Regung,
An das vormals genossene Glück
Mit der schönen Amalie, zurück.

30. Diese war schön, lieblich und ohne Mängel,
Die Dame hingegen häslich, wie ein schwarzer
Engel,
Gelb, zahnlos, kahl, hager und grau,
Kurz, eine unerträgliche Frau.

31. Nun

31. Nun hätte er sich sollen drücken
Und in die Umstände einsweilen schicken,
Und die Sache mit der alten Frau
Nicht eben nehm.n so genau;

32. Allein dieses wolte Ihm nicht passen,
Er hat also freywillig sie verlassen
Und so blieb dann hinfort die Dame allein
Mit ihrem Gesangbuch und Brandewein

Sechs und zwanzigstes Kapitel.

Wie Hieronimus ein schlimmes und ein gutes Abentheuer hatte, und wie er einmal in seinem Leben eine gute That verrichtet hat.

1. Hieronimus, ehe und bevoren
Er die Abreis von der alten Witwe, erkohren,
Hat er mit einem Beutel voll Geld sich schön
Aus dem Kasten der Dame, versehn.

2. Dann dafür daß er gesungen und gebätet
Und von frommen Dingen geredet,
Und die Karressen gehöret an,
Muste er billig ja etwas han.

3. Mit diesem Gelde thät er nun wandern,
Von einer schönen Stadt zur andern,
Und indem er also herumgeirrt,
Lernte er kennen manchen Wirth.

4. Trafe

4. Trafe er etwa hin und wieder
 Schöne Quartiere und lustige Brüder,
  Oder eine gute Wirthin im Haus:
  So ruht' er gemeinlich einige Tage aus.

5. Es hat sich aber einsmals begeben,
 Daß er auf seiner Wanderschaft, gar eben,
  Als es schon war Nachmittags spat,
  In einer grossen Schenke abtrat.

6. Es war das allerbeste Wirthshaus in Schwaben,
 Man konnte viel fordern und wenig haben,
  Und der Wirth war ein redlicher Mann,
  Und schrieb gerne mit doppelter Kreide an.

7. Da waren ebenfals, grade heute
 Noch angekommen zwey fremde Leute,
  Welche Hieronimus, der Kleidung nach,
  Für reisende Handelsmänner ansah

8. Zwaren hat gleich einer von Ihnen
 Ihm, von Person, etwas bekannt geschienen,
  Wenn nur ein grosses Pflaster nicht
  Verstellet hätte das halbe Gesicht.

9. Diese Herren haben gesellschaftlich indessen
 Mit dem Hieronimus getrunken, und gegessen
  Und in kurzem, richtete drauf
  Hieronimus mit ihnen Freundschaft auf.

10. Dann der Mann mit dem Pflaster im Gesichte,
 Erzählte manche spaßhafte Geschichte,
  Teils geschehen, und teils erdacht,
  Worob sich Hieronimus fast krank gelacht.

11. Auch

11. Auch Hieronimus hat Ihnen erzählet
    Seine Begebenheit und nichts verhehlet,
       Wie es alles gegangen wär her,
       Als er war bey der Bätschwester

12. Sie haben über diese wunderliche Sachen,
    Ebenfals, recht herzlich müssen lachen
       Und Hieronimus, bey dieser Gelegenheit,
       That mit dem eroberten Gelde breit.

13. Nachdem nun lustig und guter Dinge
    Der Tag dermaßen zu Ende ginge;
       So eilte Hieronimus, Abends spät,
       Trunken von Wein und Lachen, nach Bett.

14. Er war kaum im tiefen Schlaf begraben,
    Als sich die beyden Herren zu ihm begaben
       Und sie nahmen, fein säuberlich,
       Den Beutel mit dem Gelde zu sich.

15. Als Morgens spät, Hieronimus erwachte,
    Und gar nun nicht an was böses gedachte,
       So fand er, beim Ankleiden von ohngefähr,
       Den Geldbeutel verschwunden, die Tasche leer.

16. Zwaren sahe er hier anfänglich
    Die Sache nicht eben für verfänglich;
       Sondern als eine Kurzweil an,
       Welche die lustigen Kaufleute gethan.

17. Als er aber nach ihnen fragte
    Und der Herr Wirth ihme sagte:
       Es wären schon in aller früh
       Diese Herren stille gereiset von hie.

                                    18. Da

18. Da gehub er an, zu lamentiren
    Und grossen Jammer und Klage zu führen
    Und für Ungeduld blieb, fürwahr,
    In dem Kopfe kein einzig Haar.

19. Ob seinem ängstlichen Klagen und Harmen
    That sich der fromme Wirth bald erbarmen
    Und hat für alles, was er verzehrt
    Weiter nichts als seinen Rock, begehrt.

20. That ihm dabey den Rath erteilen:
    Sich nun nicht länger mehr zu verweilen,
    Dann ohne baares Geld hätte hier
    Niemals ein fremder Gast, Quartier.

21. Dieses Exempel Hieronimi kan uns lehren
    Wie sich die Sachen in der Welt verkehren
    Und wie sich manchesmal unverhoft,
    Das menschliche Glück verändert oft.

22. Noch gestern besaß er reiche Beute
    Und der Wirth hieß ihn Herr, aber heute
    Jug ihn fort, ohne Rock und Geld,
    Der Frome Wirth in die weite Welt.

23. Er konnte nun, mit Musse, unterwegen
    Seinen kläglichen Zustand überlegen
    Und er wünschte sich fast im Augenblick,
    Bey der Bâtschwester auf dem Schlosse zurück,

24. Doch wenn er an ihre Karressen gedachte
    Und ihre Person sich vorstellig machte;
    So überkam ihm ein Grausen schier
    Und er verlangte nicht wieder bey ihr.

25. Schon

25. Schon einige Tage hatte er mit rohen Rüben
Auf seiner Reise, den Hunger vertrieben,
Und wie ein irrender Ritter, sich
Beholfen elendig und kümmerlich.

26. Gleichwie nun, wenn die Noth ist am grösten
Das nahe Glück einen pflegt zu trösten;
So war auch dem armem Hieronimus da,
Nunmehro bald wieder Hülfe nah.

27. Denn erhörte, am vierten Nachmitage,
In einem Wäldchen das am Wege lage,
Ein erbärmliches lautes Geschrey
Und dieses lockte Ihn bald herbey.

28. Er ist schnell an die Stelle gekommen,
Woher er das Jammergeschrey vernommen
Und es entdeckte sich ihm alsbald
Eine Scene von traur'ger Gestalt.

29. Eine stillstehnde Kutsche mit vier Pferden,
Den bärt'gen Kutscher ohnmächtig auf der Erden,
Eine junge Dame welche hie
Ganz erbärmlich heulte und schrie;

30. Auch einen reich gekleideten Herren,
Bemüht, sich gegen zwey Räuber zu wehren
Welche, wies schiene, waren fest
Entschlossen, ihme zu geben den Rest.

31. Schon erkannte mein Held, in einiger Weite,
In ihnen, die sogenannten zwey Kaufleute,
Er eilte also, wie eine Furie,
Mit aufgehobenem Stocke auf sie.

32. Spitz-

32. Spitzbuben! wo ist mein Geldbeutel!
    Rief er, und zerschlug den Scheitel
    Des einen Räubers, mit starker Hand,
    Und streckt ihn also tod im Sand.

33. Mit eben solchen kräftigen Schlägen
    Ging er drauf dem andren Räuber entgegen,
    Welcher aber so gleich versucht,
    Sich zu erretten mit der Flucht.

34. Hieronimus wolte zwar ohn verweilen
    Auch noch dem fliehenden Buben nacheilen,
    Allein der Räuber, schnell wie der Wind,
    Floh aus seinen Augen geschwind.

35. Uebrigens ist kaum zu schreiben und zu sagen,
    Wie freudig sich der Herr und die Dame betragen,
    Als die augenscheinliche Lebensgefahr
    Nunmehro glücklich vorüber war.

36. Sie haben beyde ihn gar freundlich gegrüsset
    Und die schöne Dame hätte ihn fast geküsset,
    Wenn sie hätte gescheuet nicht,
    Sein lange nicht gewaschnes Gesicht.

37. Es war auch kein Lobspruch zu erdenken
    Welchen sie ihm nicht thaten schenken,
    Denn als ihren Erretter, sahn
    Sie nun den Hieronimus an.

38. Sie nötigten ihn mit freundlichem Muthe
    Mit zureisen, nach ihrem adlichen Gute,
    Wo man mit Gaben mancherley
    Würde belohnen die erwiesene Treu.

39. Ja

3. Um seiner Gemalin den Gefallen zu erweisen,
Thut er oft mit ihr kleine Reisen;
Denn er hielte grosse Freundschaft
Mit allen in seiner Nachbarschaft.

4. Damalen hatte er auch eben
Einem benachbarten Edelmann den Besuch gegeben,
Und wurde bey der Rückehr im Wald
Angegriffen von den Räubern bald.

5. So gleich warfen sie den Kutscher zu Boden.
Daß er da lag fast ohne Odem.
Darauf forderten sie, mit Ungestümm,
Sein Geld und sonstige Sachen von Ihm.

6. Sie rissen ihn auch aus dem Wagen
Und fingen an auf ihn loszuschlagen;
Als, auf das ängstlich Geschrey der Dam,
Hieronimus, wie gesagt, zur Rettung kam.

7. Diese Geschichte erzählten sie unter=
=wegens ihrem Erretter, der nun munter
Daher fuhr, mit gar leisem Schritt,
So gut es der gehabte Schrecken litt.

8. Hieronimus hat Ihnen gleichfals erzählet,
Wie ihn das Schicksal bishero gequälet
Und so gelangten Sie, wie der Blitz,
Endlich an zu Ohnewitz.

9. Hier vergaß man bald alles Leiden,
Lebte herrlich und in Freuden
Und für den ehrlichen Hieronimus ward
Gesorget, auf die liebreichste Art.

10. Reue

10. Neue Kleider, Essen und Trinken
 Wein, Taback, Braten und Schinken
 Waren da, alles in Ueberflus
 Zum Dienste unsers Hieronimus

11. Nach einigen, so vergnügt verstrichenen Wochen,
 Hat auch der Herr dem Hieronimus versprochen
 Für seinen zukünftigen Unterhalt
 Zu sorgen ferner, bester Gestalt

12. Nun ist auch, grade dazumalen,
 Ein absonderlicher Umstand vorgefallen,
 Welcher für unsern Hieronimus gar.
 Sehr erwünscht und gelegen war.

13. Nämlich, die Ohnewitzer Bauern haben
 Eine Schule, für kleine Mägdlein und Knaben,
 Und der Herr, als des Dorfes Patron
 Hatte darüber die Kollation.

14. Das A, B, C, D, zu studiren
 Und zu lernen Lesen und Buchstabiren,
 Waren alleinig die Studia,
 Welche man hieselbst treiben sah.

15. Alle Gelegenheiten mehrers zu lernen,
 That der Herr Patron weislich entfernen,
 Dann ein Bauer welcher gelehrt
 Ist, wird hochmüthig und höchst verkehrt.

16. Ja, die Erfahrung lehrt es, wenn der
 Bauer schon versteht seinen Kalender
 Und sein Katechismus Büchelein,
 So bildet er sich schon was rechtes ein.

17. Hat

17. Hat er sich nun noch höher verstiegen
So läst er gemeiniglich die Arbeit liegen
Und dann sicht's höchst elendig und Kraus
Mit den Pfächten und Abgaben aus.

18. Auſſer dreiſſig Thaler Fixo, trug dis Dienſtchen
Dem Herren Schulmeiſter noch manches Gewinſt-
chen,
An Eyer, Butter, Hünern und Gäns
Und manchem ähnlichen Accidens.

19. Auch ging er, wenn die Herrſchaft zu Hauſe,
Am Neujahrstag bey ihr zum Schmauſe
Und bekam dann für die Gratulation
Noch ein Geſchenck, nach Proportion.

20. Nun hat es ſich damals juſt begegnet,
Daß der Schulmeiſter dis Zeitliche geſegnet
Und alſo war man weislich bedacht,
Daß ein neuer würde gemacht.

21. Sobald dis der Herr Patron gehöret
Hat er dem Hieronimus den Dienſt verehret
Und folglich trat Hieronimus dann
Das Amt des Dorfſchulmeiſters, an.

22. Zwar wolte nun anfangs, das Schulleben
Ihm kein ſonderliches Vergnügen geben,
Denn er hielte von Müſſiggang mehr,
Als von ſolcher beſchwerlicher Lehr.

23. Doch, da er auf der herrſchaftlichen Schloſſe
Manche Wohlthat und Mahlzeit genoſſe
Und ſich nach geendigter Schule erquickt;
So hat er ſich in das Lehramt geſchickt.

H   24. Und

24. Und sich nunmehr ernstlich vorgenommen,
　　Seinen Pflichten möglichst nachzukommen,
　　　Damit er nun lebenslang hinfort
　　　Bleiben möchte, an diesem Ort.

25. Auch gedachte er, in verschiedenen Sachen;
　　Einige wichtige Aenderungen zu machen,
　　　Weil er, im hiesigen Schulstand
　　　Viele eingerissene Fehler, fand.

26. Er fing auch, nach langem Deliberiren,
　　Würklich an, manches zu reformiren,
　　　Jedoch bekam ihm dieses nicht wohl,
　　　Wie der geneigte Leser bald hören soll.

Acht

Acht und zwanzigstes Kapitel.

Wie Hieronimus ein Author ward und wie er ein neues a b c Buch herausgab, und wie er von den Bauern darob, bey dem gnädigen Herren Patron hart verklagt ward.

1. Gleich bey dem Antrit der Schulregierung,
Fand Hieronimus, mit äusserster Rührung,
Daß das eingeführte a b c Buch
Nicht, für die Kinder, sey faßlich genug.

2. Denn da bisher die Mägdchen und Knaben
Gebraucht hatten die Balhornsche Ausgaben

So nahm Hieronimus, hier [und bar,
Darinnen verschiedene Fehler wahr.

3. Nachdem er nun bey sich zu Rathe gegangen,
Hat er zu veranstalten angefangen,
Unter folgendem Titel, davon
Eine nagelneue Edition:

4. Neues a b c Buch, verbessert
Und mit verschiednen Zusätzen vergrössert.
Von dem Author Hieronimus
Jobs, Theologiä Kandidatus.

5. Zu den schon längst bekannten Buchstaben,
Welche wir im Alphabete haben
Setzte er noch das sst,
Imgleichen das sch, und sp.

6. Die Sporen des Hahns auf der letzten Seiten,
Und mehr andre solche Kleinigkeiten,
Ließ er hingegen, weislich und klug,
Aus dem nagelneuen a b c Buch.

7. Er fügte aber unterdessen nicht minder,
Zur Ergötzung für die lernenden Kinder,
Ein Nestlein mit einem grossen Ey,
Dem ungesporneten Hahnen bey.

8. Kaum war dis Buch zu Ohnewitz eingeführet,
So ward es von den Bauern recensiret
Und gab zu einem grimmigen Streit
Die allererste Gelegenheit.

9. Denn es wolte keinem einzigen, von allen
Recensenten, die Einrichtung gefallen

Und

Und sie sahen alle, Mann vor Mann
Die Aenderung als höchst gefährlich an.

10. Selbst den Allerklügsten unter Ihnen
Hats beym neuen a b c Buch geschienen,
Als hätte Hieronimus dadurch gezeigt,
Wie sehr er zur Authorsucht geneigt.

11. Wie, wenn im Sommer, von schwülen Düften
Ein Ungewitter entstehet in den Lüften,
So geht vor dem Donner, ordinär
Erst ein gelindes Murmeln vorher.

12. Gleichermaßen entstund unter den Leuten
Erst ein leises Gemurmel, von allen Seiten,
Und es zoge sich bald darauf
Ein Gewitter über Hieronimus auf.

13. Er konnte nun zwar, in Worten und Werken,
Den Unwillen der Ohnewitzer leicht merken,
Doch verließ er, den Bauern zu trutz!
Sich auf des gnädigen Patrons seinen Schutz.

14. Jedoch die Ohnewitzer wolten nun zeigen
Daß sie länger nicht gesonnen zu schweigen;
Denn sie spürten je länger, je mehr,
An dem Schulmeister neues Beschwer.

15. Sie traten also sämmtlich zusammen,
Und der Küster verfertigte in ihrem Namen
Eine Klagschrift im folgenden Ton:
Hochwohlgeborner gnädiger Patron!
16. **Wir sämtliche Bauern und Kossathen**
In Hochderoselben Ohnewitzer Staaten,
Nehmen, in aller Unterthänigkeit,
Unsern Schulmeister zu verklagen die Freyheit.

17. Sintemal sich derselbe leider vergangen
Und verschiedene Neuerungen angefangen,
Alles unter dem nichtigen Vorwand
Zu verbessern den hiesigen Schulstand.

18. Sich auch dabey nicht so aufführet,
Wie's einem frommen Schulmeister gebühret,
Sondern vielmehr, ofte und viel,
Uns Bauern gibt ein böses Beyspiel.

19. Um von den Punkten, worüber wir queruliren,
Nur die vornehmlichsten anzuführen,
So hat er pro primo und erstens: sich
Unterfangen eigenmächtiglich,

20. Ein neues a b c Buch zu verfassen
Und drin die Sporen des Hahnes auszulassen,
Da doch die Sporen, zu jeder Frist,
Ein wesentlich Stück des Hahnes ist.

21. Dagegen hat er das lernen selbst, erschweret,
Weil er das Alphabeth hat vermehret;
Dann fft, sp und sch,
Steht wieder alle Gewohnheit da.

22. Auch, obgleich die Hähne niemals pflegen
Jemals Eyer in Nester hinzulegen;
So liegt doch ein Ey nun bey dem Hahn,
Gleichsam als hät es der Hahn gethan.

23. Nun können solche Dinge, beym studiren
Die Kinder leichtlich auf Irrtümer führen,
Und ein neues a b c Buch ist überhaupt
Eine Neuerung, und unerlaubt.

24. Pro

24. Pro secundo lassen wir nicht unberühret,
Daß von Alters her ein Eselskopf eingeführet,
Welchen in unsrer Schule, zur Buß,
Jedes muthwillige Kind tragen muß.

25. So hart und empfindlich nun diese Strafe
Sonst demjenigen war, den sie trafe,
So trugen die Kinder doch, gern und mit Lust,
Den Eselskopf an ihrem Hals und Brust.

26. Herr Jobs ist aber nicht damit vergnüget,
Sondern er hat jetzt zum Kopfe gefüget
Einen Hals, Leib, Beine und Schwanz
Und so ist es nun ein Esel ganz.

27. Wie jämmerlich indeß die Kindlein klagen
Wenn sie den ganzen Esel müssen tragen
Und stehen da gleichsam zum Spektakel so,
Ist kaum zu glauben. Pro tertio:

28. That Herr Jobs mit mächtigen Ohrfeigen
Sich gar zu barbarisch in der Schule bezeigen
Und einige Knaben, sind wirklich schon
Taub und gehörlos worden, davon.

29. Pro quarto: sind die Kinder der ärmern
Bauern,
Ob der vielen Prügel, höchlich zu bedauern;
Dann, wegen Ansehen der Person,
Kriegen sie meist doppelte Portion.

30. Pro quinto: suchet er in den Taschen
Der Kinder nach, ob sie auch naschen
Und findet er Aepfel und Nüsse alhie;
So nimmt er sie weg und isset selbst sie.

31. Pro

31. Pro sexto: ist von seinem sonstigen Betragen
 Noch allerley besonders zu besagen,
 Denn mit des Schulzens Einliegers Frau
 Lebt er, wie es heißt, gar zu genau.

32. Auch besucht er fast täglich die Dorfschenke
 Und genießt da allerley hitziges Getränke,
 Hat auch oft, bis um Mitternacht,
 Mit dem Schulzen, beym Spiele zugebracht.

33. Wir hätten zwar noch mehrere Klagen
 Allerunterthänigst vorzutragen;
 Dann es sind noch viele Gravamina,
 Neben den schon erwähnten, da.

34. Wollen sie aber dismal nicht berühren,
 Sondern nur unterthänigstlich suppliciren:
 Daß sie, lieber gnädiger Herr!
 Uns geben einen andern Schulmeister

35. Beharren übrigens Eure hochwohlgeborne
 Gnaden
 Allerunterthänigste Bauern und Kossathen
 Im Dorfe Ohnewitz gegeben.
 N. N. N. N. N. N. N.

Neun und zwanzigstes Kapitel.

Wie die klagende Bauern zu Ohnewitz, von dem Herrn Patron eine gnädige Resolution bekamen, und wie sie zur Ruhe verwiesen wurden, und wie sie mit dem Loche bedrohet wurden.
Alles im Kanzley still.

1. Es ware nun, durch zwey Deputaten,
    Die Klagschrift übergeben an Ihro Gnaden,
      Und vom hochgedachten Herrn Patron
      Erfolgte folgende Resolution:

2. Wir haben mißfällig wahr genommen
      Aus der Vorstellung, womit ihr eingekommen,
      Wasmassen Ihr gar grosse Beschwer
      Führt über den Schulmeister her.

3. Ob Wir nun gleich höchst ungerne sehen,
    Daß solche Streitigkeiten bey euch entstehen;
      So haben Wir doch, nach der Breite und Läng,
      Erwogen eurer Beschwerden Meng.

4. Können indes bis dato nicht finden,
    Daß beklagter Schuld sey grosser Sünden
      Und daß man, mit Recht, über die Sach
      Ein solches grosses Allarm mach.

5. Zwaren ist es dermalen nicht ohne,
    Herr Jobs hat in seiner Schule schone
      Ein neues a b c Buch eingeführt
      Und Uns unterthänigst dediciret.

6. Auch

6. Auch ist von ihm, wie vor Augen lieget
Einiges drin weggelassen, einiges beygefüget,
Jedoch leuchtet es gar nicht ein,
Wie dieses so schädlich könne seyn.

7. Dann obgleich hier der Hahn die Sporen
Aus versehen des Kupferstechers verlohren,
So kan man, bey der zweyten Edition,
Den Fehler leichtlich verbessern schon.

8. Auch die wenigsten Recensenten heutiger Zeiten
Merken in den Büchern auf solche Kleinigkeiten,
Sondern die guten lieben Herrn
Uebersehen solche kleine Fehler gern.

9. Was betrift die zugefügte Buchstaben
So stehn selbige schon in ältern Ausgaben;
Wenigstens sst, sp und sch,
Dienen als varianten, da.

10. Es scheint zwar sich weniger zu schicken,
Bey dem Hahn ein Ey auszudrücken;
Doch braucht drum das Ey vom Hahn
Eben nicht zu werden weggethan.

11. Dann, vom Ey gleich aufs Legen, zuschliessen,
Wäre unvernünftig und gegen Gewissen;
Dann es beweiset weiter nichts in der That,
Als bey Menschen der Titel und's Prädikat.

12. Ueberdem weiß man ja auch gar eben,
Daß Hähnen sich oft mit Eyerbrüten abgeben,
In hoc Casu wäre also, traun!
Der Hahn eigentlich ein Kapaun.

13. Wenn

13. Wenn Ihr pro secundo proponiret:
Daß Herr Jobs einen ganzen Esel eingeführet;
So hat er, Unsers Bedünkens, dran
Als ein vernünftiger Mann gethan.

14. Dann er zeigt damit nichts mehr, nichts minder,
Als daß, so wohl Ihr selbst, als eure Kinder,
Alte und junge, groß und klein,
Leibhaftig vollkommene Esel seyn.

15. Pro tertio: wegen der Schläge an die Ohren,
Worüber einige Knaben ihr Gehör verlohren;
Halten Wir es gar nicht für gut
Daß euer Schulmeister solches thut.

16. Auch was ihr pro quarto zu klagen findet,
Halten Wir in so weit für gegründet,
Dann ein Richter und Schulmann
Muß niemals sehn die Person an.

17 Sondern Arme sowohl als Reiche
Verdienen, wenn sie böse sind, gleiche Streiche
Und man muß zu jeglicher Zeit,
Strafen mit Unpartheilichkeit.

18. Jedoch, wenn Er die Kinder visitiret
Und ihnen das Obst aus der Tasche entführet;
So zeigt pro quinto, artig und wohl
Daß ein Kind in der Schule nicht naschen soll.

19. Weil auch die Kinder im zarten Magen
Nicht zu viel Aepfel und Nüsse können vertragen,
So ist ja des Schulmeisters Absicht hier gut,
Wenn er selbst alles verzehren thut.

20. Was

20. Was ihr da noch, pro sexto, klaget
Und von des Schulzens Einliegers Frau saget,
Item von der Schenke und Kartenspiel,
So wäre zwar dis von Herrn Jobs zu viel.

21. Indessen ist es Unser gnädiger Wille,
Daß man von solchen Dingen schweige stille,
Denn wer davon etwas saget noch,
Der soll, zur Strafe, zwey Tage ins Loch.

22. Uebrigens sollen sämtliche Beschwerden
Künftig genauer untersuchet werden,
Wenn von der vorhabenden Reise Wir
Glücklich sind retourniret, alhier.

23. Bis dahin befehlen Wir, bey Hals und Kragen,
Euch ruhig und stille zu betragen.

Gegeben auf unserm Rittersitz

Resolution für die
Bauern in Ohnewitz.

Dreyßigstes Kapitel.

Wie zu Ohnewitz an einem Mitwochen ein Aufruhr entstand, und wie allerley Wunderzeichen vorhergingen, und wie Herr Hieronimus mit Prügeln u. s. w. fortgetrieben wurde.

1. Und diese Resolution machte durchgehends
   Im ganzen Dorfe viel Aufsehens,
   Und es entstand überall herum,
   Unter den Bauern, ein mächtig Gebrumm

2. Denn sie sahen itzo offenbare,
   Daß der Patron, Jobsens Gönner ware,
   Und daß nichts auszurichten mit Glimpf
   Und sie schwuren also zu rächen den Schimpf

3. Dieser wichtigen Ursache wegen, kamen
   Sie oftmals in der Schenke zusammen,
   Und überlegten, beym Toback und Bier,
   Wie die Sache anzugreifen alhier.

4. Sie haben auch sämtlich, alsobalden
   Ihre Kindlein alle, zu Hause gehalten
   Und kein's von Ihnen, weder groß noch klein,
   Ferner geschickt in die Schule hinein

5. Aber die Vernünftigsten von den Bauern
   Riethen: auf gute Gelegenheit zu lauren,
   Da alsdenn alle mannichfalt
   Gebrauchen könnten Ernst und Gewalt.

6, Dieser

6. Dieser gar kluge Vorschlag hat ihnen
Sämtlich, gut und thunlich geschienen,
Und man bestimmte dazu nunmehr,
Die Zeit wenn der Patron verreiset wär.

7. Zwar wurden alle diese Anstalten,
Noch zur Zeit, höchst geheim gehalten,
Bis endlich der erschreckliche Tag kam,
Da die Unruhe den Anfang nahm.

8. Ehe aber dieses alles geschehen,
Sind zu Ohnewitz grosse Zeichen gesehen,
Wie denn vor wichtr'gen Begebenheiten, sich
Vorbedeutungen zeigen, gemeiniglich.

9. So hat zum Exempel: eine kleine Weile
Vorhero, eine sehr grosse Eule
Auf dem Kirchthurm, um Mitternacht,
Ein erschrecklich Geschrei gemacht.

10. Auch hat einer von den Ohnewitzer Leuten,
Als er aus der Schenke kam, die Glocke hören läuten,
Auch fiel der sehr alte Schornstein
Auf der Schule, mit Geprassel ein.

11. Auch hat des Küsters Kuhe geboren
Ein Kalb, mit ungewöhnlich langen Ohren,
Auch viel Hunde führten, zum Teil,
In dem Dorf, ein gräslich Geheul.

12. Auch sah man hier und da Irrlichter,
Und sonst bey Nacht wunderbare Gesichter,
Auch trugs sich zu, im hellen Mittag,
Daß des Müllers Esel ein Bein brach.

13. Die

13. Dieses alles schiene anzuzeigen
   Daß sich bald etwas werde eräugen;
   Doch merkte man da erst, die Gefahr
   Als schon alles erfüllet war.

14. Nun war es gerade ein Mitwochen,
   Da der Aufruhr endlich ausgebrochen
   Und jeder Bauer, um Glocke acht,
   Hat sich Morgens aus dem Hause gemacht.

15. Es war recht greulich anzusehen,
   Wie sich ein jeder mit Waffen versehen,
   Prügel und Flegel in grosser Zahl
   Hatten die zusammen Verschwornen, all.

16. Alles ward nun in dem Dorfe rege,
   Und man weissagte Tod und Schläge,
   Und jeder Hund und jeder Hahn,
   Fing zu bellen und zu krähen an.

17. Auf der Heide die beym Dorfe ware,
   Versammlete sich die ganze Schaare
   Und nun gingen sie, in Procession,
   Nach des Schulmeisters Wohnung schon.

18. Ihnen folgten, zu beyden Seiten,
   Viele Kinder, welche sich sehr freuten,
   Daß sie nunmehro würden heut
   Vom bösen Schulmeister befreit.

19. Noch lag Herr Jobs ruhig in seinem Bette,
   Als wenn alles sicher gestanden hätte,
   Bis da plötzlich der ganze Schwarm
   Hereinbrach, mit grossem Allarm.

        20. Aber,

20. Aber, sobald er vom Schlaf erwecket,
    Hat er sich darob heftig erschrecket,
      Weil er nun erst den Hochverrath
      Wider ihn, gespürt und gemerket hat.

21. Ohne ihm viele Zeit zu laſſen,
    That man ihn gleich derbe anfaſſen,
      Und zur genauen Noth, erlaubte man
      Daß er ſich vorhero kleidete an.

22. Man that ihm nun ſehr ernſtlich bedeuten,
    Nie Ohnewitz wieder zu beſchreiten,
      Sagte ihm auch manches Scheltwort,
      Und jug mit Prügeln unſern Held fort.

23. Alſo war dieſer Handel geſchlichtet
    Und die Expedition glücklich verrichtet
      Und mit einem lauten hu! hu!
      Eilte man nun der Schenke zu.

24. Jeder behauptete itzt ſteif und feſte,
    Er habe bey der Sache gethan das Beſte
      Und jeder wolt, nun beym Brandewein,
      Der gröſſeſte Held geweſen ſeyn.

25. Jedoch einigen, anſtatt ſich zu freuen,
    Wolte nun der Handel ſchier gereuen
      Und ihnen ahndete gleichſam von fern
      Brüchte und Loch, bey der Rückkunſt des Herrn.

Ein und dreyssigstes Kapitel.

Wie Hieronimus auf seiner Flucht nach dem Bayerlande ein neues Abentheuer hatte, indem er seine geliebte Amalia in in der Komödia antraf. Sehr freundlich zu lesen.

1. Wie der Fuchs, wenn er den jagenden Hunden
 Endlich aus dem Gesicht ist verschwunden,
 Froh ist, daß nur ein Maul voll Haar
 Und weiter nichts, dismal verloren war.

2. So wuste sich auch, in seinem grösten
 Ungelück Hieronimus damit zu trösten,
 Und war froh, daß er eben mit heiler Haut den Bauern entgangen sey.

3. Zwar hat, indem er sich von Ohnwitz entfernet,
 Er mit seinem eigenen Schaden gelernet,
 Wie gar sauer, elend und schwer,
 Es im Schulamte gehet her.

4. Er nahm sich auch vor, nie in seinem Leben
 Wieder Bücher im Druck herauszugeben,
 Denn bloß und allein von Authorsucht
 Rührte sein Unglück und itzige Flucht.

5. Indeß, da der Patron nach dem Bayerlande
 Sich itzt mit der Gemalin auf Reisen befande,
 So wolte auch Hieronimus dort bey Ihm
 Schutz suchen, vor der Bauern Grimm.

J 6. Er

6. Er hat sich also nicht lange besonnen,
    Sondern auch seine Reise dahin begonnen,
    Jedoch hielte bald seinen Lauf
    Ein neues Abengetheuer auf.

7. Denn er hat, wider alles Verhoffen,
    Auf der Reise eine Hindernis angetroffen,
    Als er just in einer grossen Stadt
    Einige Tage ausgeruhet hat.

8. Hier, um seine melancholische Grillen
    Einiger massen zu dämpfen und zu stillen,
    Fiel es ihm einmal des Abends ein,
    Zu gehen in die Komödie ein.

9. Er ward bald unter den Schauspielerinnen
    Einer wohlgeputzten Schönen innen,
    Welche an Gesicht, Stimme, Wuchs und Haar
    Seine ehmals geliebte Amalia war.

10. Himmel! wie ward er da entzücket
    Als er selbige so unvermuthet erblicket!
    Fast wäre das ganze Parterr davon
    Gerathen in schreckliche Konfusion.

11. Sie hatte kaum ihre Rolle geendet,
    Als er sich sofort zu ihr gewendet
    Und nun gabs manchen Freudenkuß
    Zwischen Ihr und dem Hieronimus.

12. Beyde waren begierig zu vernehmen,
    Durch welchen Zufall sie hier zusammen kämen,
    Hieronimus eilte drum bald mit Ihr,
    Höchst vergnügt ins sich're Quartier.

13. Da

13. Da hat erst Amalia alles vernommen,
Was ihm wunderbares vorgekommen,
Seitdem ihn damals, in der Nacht,
Der alte Herr hatte fortgejagt

14. Und wies ihm mit der frommen Dame gegangen
Und was sie gedachte mit ihm anzufangen,
Und wie man ihm nachhero einmal
Des Nachts sein Geld im Wirthshauße stahl.

15 Und wie er im Wald einen Räuber getödtet
Und einem Herrn das Leben gerettet
Und wie er darauf zu Ohnewitz gar,
Ein Schulmeister gewesen war.

16. Und das Unglück welches ihn betroffen,
Und wie er itzt, wider alles Verhoffen,
Sie in der Komödie gefunden alhier,
Dies alles erzählte er weitläuftig Ihr.

17. Nunmehr war auch des Hieronimi Begehren,
Von ihr alle Begebenheiten zu hören,
Und die Schöne erzählte darauf
Ihm folgendermaßen ihren Lebenslauf.

Zwey und dreyſſigſtes Kapitel.

Wie die Jungfrau Amalia dem Hieronimus ihren Lebenslauf erzälen that. Ein ſehr langes Kapitel, weil eine Frauensperſon ſpricht. Akkurat hundert Verſe.

1. Amalia Ripsraps iſt eigentlich mein Name.
 Derjenige Ort wo ich zur Welt kame
  Und das Tageslicht zuerſt geſehn,
 Iſt die berühmte Stadt N. N.

2. Mein Vater war dort ein Advokate,
 Welcher viele Proceſſe zu führen hatte
  Sintemal er die Jura aus dem Grund
  Und das Chikaniren verſtund.

3. Auch die allerverworrenſte Rechtsſachen
 Wuſte er noch weit verworrener zu machen

Und

Und durch manchen List und Ranck,
Zoge er kurze Processe lang.

4. Seine Geschicklichkeit that erretten
Manchen guten Schelm, von Galgen und Ketten
Und ein, grade zu gehöriger Zeit,
Von ihm angerathener falscher Eid

5. Machte manchen muthwilligen Betrüger,
Ueber seinen ehrlichen Gegner zum Sieger,
Und half, Teils manchen aus harter Noth,
Teils manchem armem Teufel vom Brod.

6. Er haßte herzlich Frieden und Verträge
Und riethe viel lieber, in alle Wege,
Auch bey der geringsten Kleinigkeit,
Zum Processe und Rechtsstreit.

7. Seine Klienten ließ er immer tanzen
Durch alle mögliche rechtliche Instanzen,
Bis dann endlich selbige zulezt
Ihren letzten Heller, zugesetzt.

8. Uebrigens diente er, mit möglichsten Treuen
Seinen, sich ihm anvertrauenden Partheien,
Jedoch nahm er auch dann und wann,
Von der Gegenparthey Geschenke an.

9. So erwarb er sich ein zimliches Vermögen,
Was andern ein Fluch war, war ihm ein Seegen,
Und wenn andre gezankt und gekriegt
Zog er den Vorteil und war vergnügt.

10. Meine selige Mutter war die Tochter
Von einem ehmahligen reichen Pachter,
Der, weil er sehr gerne geprocessirt,
Sich und sein Vermögen geruinirt.

11. Mein

11. Mein Vater hatte ihm als Advokate
Gedient mit seinem getreuen Rathe
Und er truge dafür, zum Lohn,
Die artige Tochter des Pachters davon.

12. Sie hatte schon viele ausgeschlagen,
Welche sich sie zu freien, angetragen
Als sich noch ihr Vater im Wohlstand
Und bey gutem Vermögen befand.

13. Jedoch als sich die Aktien verschlimmert,
Hat sich keiner mehr um sie bekümmert;
Denn auch das schönste Mädchengesicht
Reizt ohne Geld zum Ehestand nicht.

14. Indessen hat es ihr doch gelücket
Daß sie endlich meinen Vater bestricket,
Denn höchst gründlich verstund sie
Alle Künste der Galanterie.

15. Mein Vater hatte sie sehr oft gesehen
Und da ist es dann, wie gesagt, geschehen,
Daß er dieselbige unbeschwert
Von dem Pachter zur Frau begehrt.

16. Sie schmekten zusammen in ihrer Ehe
Vieles Vergnügen und weniges Wehe,
Wenigstens im ersten Vierteljahr,
Da ihnen die Ehe noch neu war.

17. Sie wusten von den processirenden Parthien
Für die Küche manchen Vorteil zu ziehen,
Denn die Frau Advokatin bekam,
Was etwa der Herr Advokate nicht nahm

18. Auch

18. Auch zog sie noch manche heimliche Gewinnste
Durch ihr schönes Gesicht und galante Künste,
Wenn etwa eine verliebte reiche Parthie
Sich besonderlich bewarbe um sie.

19. Wenn der Herr Gemal Akten geschrieben,
So ist sie selten auch müssig geblieben
Und sie nahm in der Schlafstube dann
Gemeinlich geheime Audienz an.

20. Ob ichs nun gleich eben nicht will wagen,
Drauf zu schwören und als gewiß zu sagen,
Daß just gedachter Herr Advokat
Mein Vater gewesen in der That.

21. So habe ich doch niemal es gehöret,
Daß sich derselbe hätte beschweret,
Als mich, nach ohngefähr einem Jahr,
Meine Mutter zur Welt gebahr.

22. Von meinen ersten Kinderjahren
Habe ich zwar nichts sonderliches erfahren,
Doch liebten mein Vater und Mutter mich
Als ihr einziges Töchterlein, zärtelich.

23. Man sparte auch gar keine Bemühung
An meiner Bildung, Pflege und Erziehung
Und schickte mich frühe, da ich noch klein,
Fleissig zu lernen, in die Schule hinein.

24. Jedoch schonte man an mich in alle Wege,
Vorwürfe, herbe Verweise und Schläge
Und richtete, in jeder Kleinigkeit, sich
Nach meinem Willen sorgfältiglich.

25. Als

25. Als ich kaum zehn Jahr alt gewesen,
　　Fing ich schon an Romanen zu lesen
　　　Und ward von der Liebe schon mehr gewahr,
　　　Als andre Mädchens im achtzehnten Jahr.

26. Mit muntern Jünglingen und artigen Knaben
　　Mochte ich herzlich gerne zu schaffen haben
　　　Und fing gar manchen prakt'schen Roman,
　　　In meinem dreyzehnten Jahre schon, an.

27. Vielleicht war es ein Fehler der Erzeugung,
　　Daß ich auch sehr frühe eine Neigung,
　　　[Die auch nachher niemals verschwand.]
　　　Eine Neigung zum Stehlen, empfand.

28. Meine Aeltern, geschlagen mit Blindheit,
　　Hielten dieses für Triebe der Kindheit,
　　　Und haben, wenn ich was böses gemacht,
　　　Nur über ihr schlaues Töchtergen g'lacht.

29. Mein fünfzehntes Jahr war kaum verschwunden
　　Als sich schon Freier bei mir eingefunden,
　　　Denn bey meinem nicht häßlichen Gesicht,
　　　Fehlte es mir an Anbetern nicht.

30. Ob nun gleichwohl mancher von Ihnen,
　　Meinem Vater nicht verwerflich geschienen,
　　　So fande indessen meine Mutter jedoch
　　　Vieles an ihnen zu tadeln noch.

31. Nur einen Mann von sehr hohem Stande,
　　Allenfals aus den Vornehmsten im Lande,
　　　Bestimmte sie, einzig und allein,
　　　Für mich, ihr artiges Töchterlein.

32. Es

32. Es kam aber kein Mann von hohem Stande,
Der mich zur Frau zu machen rathsam befande,
Mir wurde indessen dabey recht bang,
Denn die Verzög'rung fiel mir zu lang.

33. Ich suchte also und dergestalten
Mich anderweitig schadensrey zu halten,
Und ließ zum geheimen Rendezvous
Manchen jungen artigen Herrn zu.

34. Aus Furcht etwas schlimmes zu erleben
Und daß es künftig möchte geben
In meiner Heyrath ein Hindernis,
Wenn sie mich zu viel Freyheit ließ;

35. Fing die Mutter an, ernstlich drauf zu denken
Meine Liebesstreiche einzuschränken,
Und gab sowohl bey Tag, als bey Nacht,
Auf meine Schritte und Tritte acht.

36. Ward nun gleich dadurch meine Neigung gehin-
dert,
So ward sie doch mehr vermehrt, als vermindert,
Denn eine starck verbotene Frucht
Wird nur desto emsiger gesucht,

37. Und je grösser Hindernis, je mehr Verlangen.
So ist es auch mit meiner Neigung gegangen,
Denn ich suchte zu jeder Zeit,
Sie zu befriedigen, Gelegenheit.

38. Des Nachts ließ ich oft durch mein Fenster,
Manche mit Fleisch und Bein versehne Gespenster,
Die dann meistens die halbe Nacht
Bis am Morgen, bey mir zugebracht.

39. Auch

39. Auch konnte ich oft mir die Zeit vertreiben
Mit manchem erhaltenen Liebesschreiben,
Von so herzbrechendem Inhalt, als man
In jedem Romane, lesen kan.

40. Ich ging grade im zwanzigsten Jahre,
Als ich einmals auf einem Balle ware,
Da ward ich mit einem Herren bekannt,
Herr Baron von Hogier genannt – –

41. Hier fiel ihr Hieronimus ins Wort plözlich:
„Herr von Hogier – – das ist entsezlich!
„Sein Name sowohl, als sein eigentlicher Stand
„Ist mir, meine Seele! nicht unbekannt;

42. „Herr von Hogier war ein Bärnhäuter„!
Ja, das war er, sprach Amalia weiter
Und sie sollen, lieber Hieronimus! sehn,
Was zwischen mir und ihm ist geschehn.

43. Herr von Hogier hat mir dazumalen
Von Person und Wesen höchlich gefallen,
Denn sein reiches Kleid und grosse Perrück
Nahm mich schon ein, im Augenblick.

44. Er that mir höchst verliebte Anträge
Und mir gefielen seine Vorschläge,
Um de mehr, da er hoch und theuer schwur:
Ich sey seine einzige Göttin nur.

45. Auch sprach er viel von seinen Gütern und Ver-
mögen,
Welche im Lande Sachsen wären gelegen,
Ob er gleich bishero nur so
Reisete durch die Welt inkognito.

46. Er

46. Er that mir auch deutlich proponiren,
Er wolle mich gerne von Hause entführen,
Ich möchte nur mit vielen Juwelen und
Geld mich versehn, auf die bestimmte Stund.

47. Als mich nun Nachtes nichts gehindert,
Hab ich zu Hause Kisten und Kasten geplündert,
Steckte, was ich da bekam, zu mir
Und entfloh mit dem Herrn von Hogier.

48. Wir eilten, bis wir uns endlich befanden
Fast an den äussersten Grenzen der schwäbischen
Landen,
Und haben in den ersten vier Tagen, fast
Keine zwölf Stunden, ausgerast't

49. Was wohl die Aeltern gedacht, als sie gefunden
Ihre Kasten leer und die Tochter verschwunden,
Und wie sie geweinet, gesucht, geschmählt,
Das bleibet an seinen Ort gestellt.

50. Als wir endlich in X. angekommen,
So haben wir uns einmal vorgenommen
Einige Tage da auszuruhn.
Und uns etwas zu Gute zu thun.

51. Wir blieben da also ruhig liegen,
Lebten in Wonne und Vergnügen,
Und Herr Baron von Hogier
Stellte sich zärtlich gegen mir.

52. Ich hielte mich nun in meinem Sinne
Glücklicher, als eine Princessinne
Und gedachte an nichts als Freud,
Lust, Liebe und Ergözlichkeit.

53. Doch

53. Doch war nunmehro mein Unglück nahe,
Denn ehe ich es mir versahe,
Hat sich einst heimlich in der Nacht,
Herr von Hogier, per Post, davon gemacht.

54. Auch mein Geld, lieber Hieronimus! denck Er!
Nebst meinen Juwelen, waren zum Henker,
Auch alle Kostbarkeiten allzumal,
Welche ich vorher meinen Aeltern stahl.

55. Nun sah ich alsobald offenbare,
Daß Herr von Hogier ein Spitzbube ware
Und daß es nicht allzurichtig stand
Mit seinen Gütern im Sachsenland.

56. Es ist also leichtlich zu gedenken,
Wie sehr mich diese Sache muste kränken,
Denn ich hätte vom Herrn von Hogier
Nie eingebildet den Streich mir.

57. Einsam nunmehr und von allen verlassen,
Konnte ich für Betrübnis mich kaum fassen
Und wuste nicht, wohin und woher
Für mich eine sichere Zuflucht wär.

58. Wieder nach meinen Aeltern zu gehen,
Das durfte unmögelich geschehen;
Denn es wäre da, sicherlich!
Gar nicht gut gegangen für mich.

59. Indessen waren, zu allem Gelücke,
Noch vier und zwanzig Dukaten zurücke,
Welche ich mit aller Vorsichtigkeit
Genehßt hatte in mein Unterkleid.

        60. Diese

60. Diese übrige vier und zwanzig Dukaten
Kamen mir dismal recht gut zu statten,
Denn sie waren nun, um und um,
Mein ganzes Vermögen und Reichthum.

61. Ich wolte nun nicht länger verweilen
Dem Herren von Hogier nachzueilen,
Sondern jug gleich am selbigen Tag,
Ihm ebenfals mit der Post nach.

62. Denn ich hatte im Posthause vernommen,
Daß er da extra Post bekommen,
Und daß er also im Schwabenland
Sich noch vermuthlich reisend befand.

63. Hätte ich ihn unterwegen attrapiret,
So wäre er sogleich arretiret,
Und so hätte ich gewis alsdenn
Meine Sachen wieder bekommen.

64. Mein Lieber! es war grade diese Reise,
Als ich, auf die bewuste Weise,
Sie auf dem Postwagen traf an,
Wo unsre Bekanntschaft zuerst begann.

65. Uebrigens ist es mir niemals gelücket,
Daß ich Herrn von Hogier hätte erblicket,
Und ich habe auch niemals nachher
Gehöret, wo er geblieben wär — —

66. Hier ist Hieronimus abermalen
Der Amalien in die Rede gefallen:
„Pos tausend! ich weiß es, wo der Dieb,
„Der Herr von Hogier, der Schurke, einst blieb!

67. „Kurz

67. „Kurz vor unserer Kundschaft, liebe Amalie!
„Hatte mich Herr von Hogier die Kanaille!
„Im Wirthshause, um vieles Geld,
„Mit seinem falschen Spielen gepreßt;

68. „Dis war die Ursache meines Kummers
„Und meines melancholischen Schlummers,
„Den ich endlich bey Ihnen vergaß,
„Als ich damals auf dem Postwagen saß.

69. „Auch war Herr von Hogier einer der beyden
„Angetroffenen verkleideten Kaufleuten,
„Welche im Wirthshaus hernachmal'n,
„Mir den Beutel mit dem Gelde stahl'n,

70. „Auch der Räuber, den ich getödtet,
„Als ich jenen Herrn mit der Dame gerettet,
„War warlich, von Person und Gesicht,
„Kein andrer als dieser Bösewicht.

71. „Sie können sich also zufrieden geben,
„Der Spitzbube ist nicht mehr am Leben,
„Und ich habe uns also, mit Recht,
„Für alle Betrügereyen gerächt.

72. Amalie versetzte: diese Geschichten,
Welche Sie, mein Lieber! mir da berichten,
Sind wahrhaftig recht sehr kurios,
Und meine Verwunderung drob ist gros!

73. Das Sprüchwort: **was auch gar klein ge-
sponnen**
Kommt doch endelich an die Sonnen,
Trift auch gewiß hier haarklein,
Bey dem Schurken von Hogier, ein.

74. Doch,

74. Doch, um im Erzählen fortzufahren,
Als wir damalen getrennet waren,
Setzte ich, wegen der Sackuhr
Meinen Weg fort, doch zu Fuß nur.

75. Gleich drauf muste es sich zutragen,
Daß ein alter Herr mit seinem Wagen,
Grade auch diese Strasse kam,
Welcher mich, da gehend, wahrnahm.

76. Er nötigte mich durch sein freundlich Bezeigen,
In seinen Wagen bey ihm einzusteigen
Und weil ihm meine Person gefiel,
Gab er mir der guten Worte viel:

77. Immer bey ihm als Kammerjungfer zu bleiben
Und Ihm die Zeit angenehm zu vertreiben;
Denn er wäre mit Leib und Seel
Unbeweibt und noch Junggesell.

78. Nun ware es eines Teils gefährlich,
Andern Teils, wie ich itzt dachte, auch thörlich
Gehandelt und gethan von mir,
Ferner zu suchen den Herrn von Hogier.

79. Was mir der alte Herr angetragen,
Wolte ich also nicht ausschlagen,
Obgleich sein Alter und graues Haar
Mir so recht nicht anständig war.

80. Ich bin also bey Ihm geblieben,
Habe ihm die Zeit gut vertrieben
Und ich betrug mich gegen ihn,
Als wäre ich seine Gemalin.

81. Er

81. Er hat mich deswegen hochgehalten,
Ließ mich im Hause schalten und walten,
Und über Gesinde, Mägde und Knecht,
Hatte ich zu befehlen ein Recht.

82. Ich durchsah Stuben, Küche und Keller,
Scheunen, Kammern, Boden und Söller,
Besorgte die Wäsche, Tische und Bett.
Und was noch sonst vorfallen thät.

83. Von allen Kasten hatte ich die Schlüssel
Jedes Geschirre bis zur kleinsten Schüssel,
So gar Silbergeräthe und Leinewand,
Stunde alles unter meiner Hand.

84. Auch von manchem Abend bis zum Morgen,
Trug ich für den alten Herren alle Sorgen
Und beruhigte Ihn, wenn er allerhand
Gewisse geheime Bedürfnisse empfand.

85. Denn der gute alte Herre thate
Nicht das mindeste ohne meinen Rathe,
Und nichts geschahe überall,
Ohne meinen gegebenen Beyfall.

86. Ich bekam, wie leicht zu gedenken,
Von Ihm viel ansehnliche Geschenken,
Stahl auch überdieß von Zeit zu Zeit,
Noch heimlich manche Kleinigkeit.

87. Obs nun gleich äusserlich an nichts fehlte,
So war doch noch etwas welches mich quälte
Und mir fiele deswegen im Anfang
Bey dem alten Herren, die Zeit lang.

88. Zwar

88. Zwar in der Folge, war der Hausschreiber
Zuweilen wol mein Zeitvertreiber,
Doch weil er sich meist kränklich befand,
So war sein Umgang nicht interessant.

89. Es gereichte mir also zum wahren Vergnügen,
Nach seinem Tode einen neuen Hausschreiber zu
kriegen,
Und Sie, mein Lieber! waren just der
Damals neu angesetzte Sekretär.

90. Sie gefielen mir, gleich da ich Sie gesehen,
Ich muß es Ihnen offenherzig gestehen,
Und dieses war dann die Ursach,
Warum ich vor Ihnen so kräftig sprach.

91. Uebrigens ist Ihnen, von den Dingen allen
Welche damals unter uns vorgefallen,
Bis Er Sie Nachts einst bey mir fand,
Lieber Hieronimus! nichts unbekannt.

92. Als Er Sie damals dimittiret,
Hat mich Ihr Abschied sehr gerühret,
Er fuhr aber noch destomehr,
Ueber mich, mit Verweisen her.

93. Fast hätte ich ebenfalls müssen reisen,
So Zornig that er sich beweisen,
Und gewis! mit sehr vieler Müh,
Befriedigte ich Ihn, mit Karessen, noch hie.

94. Indessen war doch seit diesen Stunden,
Seine Neigung zu mir sehr verschwunden
Weil eine junge neue Küchenmagd,
Ihn besser als meine Person behagt.

K 95. Um

95. Um nun meinen Kummer und Melancholeyen,
Wegen Ihrer Abwesenheit, zu zerstreuen,
Lebte ich nachhero etwas frey
Mit des alten Herren Lakey.

96. Als er aber unsre Vertraulichkeit gesehen,
Da half mir kein weiter Bitten noch Flehen;
Sondern ich muste alsofort,
Mit Sack und Pack, wandern von dort.

97. Da ich nun mit Geld ziemlich versehen,
Entschlos ich mich so lange durch die Welt zu gehen,
Bis eine neue Gelegenheit sich
Zeigte zum künfftgen Unterhalt für mich.

98. Auf meiner Reise durch diese Lande,
Stieß ich auf eine Schauspielerbande
Und auf meine Bitte, nahm man
Mich, als eine neue Aktrice, an.

99. Schon hab ich mich bey ihnen solchergestalten
Einige Monate lang aufgehalten,
Und gespielet sehr gut und wol,
Jede mir aufgegebene Roll.

100. Uebrigens ist's mir eine grosse Freude,
Daß uns das Schicksal nunmehr, beyde
Wieder hat so gesund und vergnügt,
Zum Drittenmale, beysammengefügt.

Drey und dreyssigstes Kapitel.

Wie Hieronimus Lust bekam, ein Schauspieler zu werden, und wie er dazu von der Jungfrau Amalia überredet ward.

1. Hieronimus hat die in vorigen hundert
   Versen, erzählte Geschichte, sehr bewundert
   Und vergaß, in seinem izigen Zustand,
   Den Herren Patron und das Bayerland.

2. Er that vielmehr von nun an den Schlus fassen,
   Amalien niemals wieder zu verlassen
   Und nahm sich desfalls vor zur Hand,
   Auch zu werden ein Komödiant.

3. Als dieses Amalia gemerket,
   Hat sie Ihn in seinem Vorsaz gestärket,
   Und rühmte drauf diesen Stand hoch,
   In dem folgenden Apolog:

4. Ich weiß es aus sehr vielen Proben,
   Daß der Schauspielerstand höchlich zu loben,
   Vor einem jeglichen andern Stand,
   Der da ist in der Welt bekannt.

5. Denn man sieht darin deutlich und eben,
   Wie es in dem ganzen menschlichen Leben
   Bald sehr böse und bald sehr schön,
   Untereinander pflegt herzugehn.

6. Bald gibts gar lustige Komödien,
   Bald aber jammervolle Tragödien,
   Bald lachet man, tanzet und singt
   Bald greint man, seufzet und hinkt.

7. Bald siehet man recht komische Possen,
Bald werden Tränen und Blut vergossen,
Bald ist man dürftig, bald ist man reich,
Bald jung und roth, bald tod und bleich.

8. Bald ist man Bauer, bald ist man Kaiser,
Bald ist man ein Narre, bald ein Weiser
Bald ist man Vornehm, bald ist man arm,
Bald ist man kalt und bald wieder warm.

9. Bald General, bald ein Gemeiner,
Bald Kapuziner, bald ein Zigeuner,
Bald ein Bettler, bald ein Baron,
Bald ein Büttel, bald ein Herr von.

10. Bald Renommist, bald ein Stuzer,
Bald Kammerherr, bald Schuhpuzer,
Bald Passagier, bald ein Wirth
Bald ein Abbe, bald Kuhhirt.

11. Bald ein Pfarrer, bald ein Küster,
Bald Dummkopf, bald Polyhister,
Bald Monarch, bald Unterthan,
Bald Scharfrichter, bald Amtmann.

12. Bey dergleichen Abwechselungen
Hat man immer neue Vergnügungen,
Und es wird der Lauf der Welt
Gar artig dadurch fürgestellt.

13. Wenn wir die aufgetragene Rollen
Nur klug und vernünftig spielen wollen,
So belohnt ein Klatschen der Händ
Unsre Aktionen am End.

14. Hin-

14. Hingegen wenn wir irgendwo gefehlet,
Dann wird die Haut uns voll geschmählet,
Und alle Zuschauer im Schauspielhaus,
Lachen, zischen und pfeiffen uns aus.

15. Der Stand, liebe Amalia! den Sie da zeichnen,
Ist angenehm, ich kan es nicht leugnen,
Antwortete darauf, mit einem Kus,
Der neue Schauspieler Hieronimus.

16. Er ward nun dem Direktor präsentiret
Und ihm von Amalia rekommandiret
Der nahm denn des folgenden Tages drauf,
Ihn unter die spielende Gesellschaft auf.

Vier und Dreyssigstes Kapitel.

Wie Hieronimus ein würklicher Schauspieler ward, und wie Ihm Jungfrau Amalia untreu ward, und mit einem reichen Herrn davon ging und Er auch in Desperation von Hinnen ging.

1. Geneigter Leser! itzt will ich dir sagen,
Wie sich Hieronimus im Spielen betragen,
Nachdem ihn der Direktor examinirt
Und seine Fähigkeiten probirt.

2. Tartüffische Schurken, verdorbene Priester,
Trunkene Studenten, lächerliche Küster,
Bange Poltrons, verliebte Schreiber
Und dergleichen ähnliche Rollen mehr;

3. Spielte

3. Spielte er alle sehr manierlich,
Denn ihre Rollen waren Ihm natürlich,
Und er bekam darin jedesmal
Der Zuhörer lauten Beyfall.

4. Auch wenn er den Schulmeister hatte,
Oder als Author auf die Bühne trate,
So sah man Ihm auch dann und wann,
Den Schulmeister und Author leibhaftig an.

5. Hingegen war im ernsthaften Philosophen,
Für Ihn nicht der mindeste Beyfall zu hoffen,
Auch im zärtlichen Schäferspiel,
Leistete Hieronimus gar nicht viel.

6. Imgleichen spielte er sehr ungeschicklich
Den vornehmen Herren und war unglücklich
So oft er etwas Vernünft'ges bekam,
Oder eine sehr lange Rolle nahm.

7. Hieronimi itzige Tage, verflossen
Indessen in Vergnügen und unverdrossen
Im Arm seiner schönen Schauspielerin,
Im Arm seiner lieben Amalie hin.

8. Er hätte von der Liebe gleichsam berauschet,
Mit keinem Könige nunmehro getauschet
Und alle sein Trübsal und Elend,
Schien nun gekommen zu seyn zum End.

9. Aber leider! ist wie das Sprüchwort heisset,
Nicht alles Gold und Silber was gleisset,
Und das unbeständige Glück
Zeiget oft unvermuthete Tück.

10. So

10. So erfuhr auch Hieronimus in folgenden Zeiten,
Bald, des Glückes Veränderlichkeiten,
Denn, da ers am wenigsten g'glaubt,
Ward ihm sein gröstes Vergnügen geraubt.

11. Und es hat sich mit ihm begeben
Der schmerzlichste Vorfall in seinem Leben,
Denn es wurde ihm untreu
Seine geliebteste Amalei.

12. Nämlich: es traf sich von ohngefähr,
Daß ein junger, vornehmer, reicher Herre,
Einsmals in der Komödia
Die schöne Amalia spielen sah.

13. Gleichwie es nun überall Narren giebet,
So hat auch Er sich in Sie verliebet
Und Amalia ware so klug,
Daß sie seinen Antrag nicht ausschlug.

14. In Ihrer Geschichte können wir es lesen,
Daß sie ohnehin sehr geneigt gewesen,
[Sie war ja eine Frauensperson]
Zur oftmaligen Variation.

15. Der reiche Herr that sie oft besuchen,
Hieronimus fing drob an zu fluchen
Und hat Teils geweint, Teils gedroht
Und wünschte sich in der Verzweiflung den Tod.

16. Dadurch ward er aber nur täglich
Bey Amalien mehr verhaßt und unerträglich,
Und sie sagte ihm, bald darauf
Ihre Liebe formaliter auf.

17. Da

17. Da er nun ihren Entschlus vernahm, so hat er
Abschied bald genommen, vom Theater,
Und er ging in äusserster Desperation,
Wenige Tage nachhero, davon.

18. Was indessen Amalia an thut langen
So ist selbige mit dem Herren davon gegangen,
Und soll bey demselbigen zwey Jahre hernach
Gestorben seyn, als sie im Wochenbette lag.

Fünf und dreyssigstes Kapitel.

Wie Hieronimus nach seiner Heimath gen Sulzburg gereiset ist, und wie er da allerley Veränderungen fand.

1. Es befande sich nun auf diese Weise
Hieronimus abermals auf der Reise,
Doch war er gereißt kein einziges mal
So misvergnügt, als im gegenwärtigen Fall.

2. Amaliens nie vermuthete Untreue
Ware seinen Gedanken stündlich neue,
Und er hätte aus Verzweifelung,
Fast gewagt einen gefährlichen Sprung.

3. Zwar wäre in seinem betrübten Zustande
Für Ihn, beym Herrn Patron im Bayerlande
Die beste Zuflucht gewesen wol,
Wenn ich mein Gutachten sagen soll.

4. Aber einer der mit Betrübnis besessen,
Pfleget oftermal sich zu vergessen,

Und ist gemeinlich zu solcher Zeit,
Mehrmals ein Thor und nicht gescheut.

5. Also, statt sich anderswo hin zu wenden
In seinen gegenwärtigen Umständen,
Stellte Hieronimus seinen Sinn
Nach seinem Geburtsorte Sulzburg hin.

6. Weil ihm nun eben keine Hindernissen
Auf der Heimreise sonderlich aufstießen,
So ist er, dem Himmel sey gedanckt!
Wohlbehalten endlich da angelangt.

7. Hier hat er bey seiner Ankunft gesehen,
Daß große Veränderungen waren geschehen,
In manchen Sachen, während der Zeit
Seiner so langen Abwesenheit.

8. Seine Mutter war zwar noch am Leben,
Aber ihre äusserliche Umstände stunden eben
Nicht alzuwol, sondern jämmerlich
Und sie ernährte sich kümmerlich.

9. Einer seiner Brüder war gegangen
Den Weg alles Fleisches, einer hat angefangen
Einen kleinen Nürnberger Kram,
Wovon er seinen Unterhalt nahm.

10. Der älteste Bruder lebte im Ehestande,
Mit dem häßlichsten Weibe im ganzen Lande,
Doch machte das Geld welches sie besaß
Daß er ihre Häßlichkeit vergaß.

11. Seine älteste Schwester hatte
Den Küster Loci, zum Ehegatte,
Und dieselbige lebte ziem-
lich vergnügt und wohl mit Ihm.

12. Die

12. Die Schwester Gertrud hatte ein Kind vom Pro-
krater
Geier, welcher, als er worden war Vater,
Sich davon hatte gemacht geschwind
Und die Braut verlaſſen ſamt dem Kind.

13. Sie ſuchte ſich ſo gut als möglich zu ernähren,
Hatte vielen Umgang und Verkehren,
Mit jungen Leuten von reichem Stand,
Bey welchen ſie ihren Unterhalt fand.

14. Eine andre Schweſter war bey einem alten
Witwer, ihn zu wärmen und hauszuhalten
Und auch dieſe lebte mit ihm, in ſo weit,
In Friede und guter Einigkeit.

15. Und ſeine allerjüngſte Schweſter,
Ein blühendes Mägdchen, genannt Eſther,
War noch bisher der Mutter Troſt
Und bekame von Ihr die Koſt.

16. Ob nun gleich des Hieronimi Ankunft zware.
Seiner Mutter und Geſchwiſter angenehm ware,
Weil es ſehr lange hatte gewährt,
Eh ſie von Ihm geſehn oder gehört.

17. So wolte es ſich doch für ihn nicht fügen,
Als ein Faullenzer müſſig da zu liegen,
Man ware alſo darauf bedacht,
Daß er irgend würde untergebracht.

Sechs

Sechs und dreyßigstes Kapitel.

Wie Hieronimus Nachtswächter ward zu Sulzburg und wie seiner Mutter Traum und Frau Urgalindinens Weissagung erfüllt ward.

1. Nun ware grade in diesen Tagen,
   Der Nachtswächter in Sulzburg zu Grabe
            getragen
   Und seine Bedienung ware bisher
   Noch unbesezet, vakant und leer.

2. Da nun in allen gutgeordneten Staaten
   Man den Nachtswächter nicht kan entrathen,
   So ward von den Bürgern deliberirt,
   Damit ein andrer würde ordnirt.

3. Nun fanden sich zwar viel fähige Subjekte,
   Denen der entledigte Dienst wol schmekte,

Doch

Doch wegen der Stimme starken Ton,
Nahm man auf Hieronimus Reflexion.

4. Zwar machten Anfangs einige Personen
Dagegen Einwürfe und Objektionen,
Als wenn Hieronimus, eben nicht sehr
Zu dieser Bedienung geschicklich wär.

5. Dann weil man ihm die Nachrede machte,
Daß er lieber schliefe als wachte;
So wäre gefolglich auf diese Art,
Das Städtlein nicht gehörig bewahrt.

6. Indessen ward Er doch bald einhellig
Von der ganzen Bürgerey, förmlich und völlig,
So daß am Berufe nichts gefehlt,
Zum neuen Nachtswächter auserwählt.

7. Jedoch muste er sich vorhero bequemen
Des vorigen Wächters Wittwe zur Frau zu nehmen,
Denn der verstorbene selige Mann
Nahm sich, gar treulich des Städtleins an.

8. Um also seine Treue zu vergelten,
An der hochbetrübten Wittwe, so stelten
Die Bürger, die Heirath ihrer Person,
Als eine Conditio sine qua non.

9. Weil sie nun erst alt war dreyssig Jahre
Und ihre Person nicht häßlich ware,
So nahm Hieronimus den Vorschlag an
Und wurde also ihr Ehemann.

10. Es wurden nunmehro Alten und Jungen
Die Stunden des Nachts wieder vorgesungen,
Dann der neue Wächter Hieronimus
Nahme das Horn vors Maul und blus.

11. Und

11. Und so oft er die Glocke hörte schlagen,
Hub er an folgendes zu sagen:
„Höret Ihr Herren in der Still,
„Was ich euch singen und sagen will:

12. „Die Kirchglocke hat so eben,
„Eilf, zwölf, ein, zwey, drey Schläge gegeben,
„bewahret, wenn ich euch rathen soll,
„Das Feuer, das Licht und Eure Töchter wol,

13. „Damit sich niemand etwa verbrenne,
„Oder sonst Schaden entstehen könne
„Und seid sehr wol auf eurer Hut,
„Hut, Hut, Hut, Hut, Hut thut gut.

14. Er hat sich übrigens stets aufgeführet,
Wie's einem frommen Nachtswächter gebühret,
Denn er schlief bey Tage desto mehr,
Damit er des Nachts fein wachsam wär.

15. In aller Zeit, da er gewacht und gesungen,
Ist es keinmal einem Diebe gelungen
Daß in Sulzburg eine Räuberey,
Irgendwo nächtlich geschehen sey:

16. Und jeder Bürger, wenn er noch so hart schliefe,
Erwachte, wenn Hieronimus bließ oder riefe
Und seines Horns und Halses Schall
Hörte man im Städtelein überall.

17. So hat sich denn alles Kurios gereimet,
Mit dem, was Frau Jobs, Kapitel zwey, ge-
träumet,
Und alles trafe nun, Haarklein,
Bey dem Nachtswächter Hieronimus ein.

18. Auch

18. Auch von dem, was Urgalindine gesaget,
    Als man sie um das Schicksal des Knaben gefraget,
    Nach den Gründen der Chiromantia,
    Ware nunmehro die Erfüllung da.

19. Man konnte, nach nun vollendeten Sachen,
    Von allem diesen die beste Deutung machen,
    Wies dann mit Prophezeiungen überhaupt geht,
    Daß man selbige hernach erst versteht.

20. Was indessen Frau Schnepperle gesprochen,
    Als Frau Jobs war mit dem Kind in den Wochen,
    [Wie Kapitel drey, zu ersehn]
    Das ist vor diesesmal nicht geschehn.

21. Aus demjenigen was wir nunmehro wissen,
    Lässet sich gegen Frau Schnepperle schliessen,
    Daß sie in der Kunst der Physionomey,
    Nicht genug erfahren gewesen sey.

Sieben und dreyſſigſtes Kapitel.

Wie Hieronimus einen Beſuch bekam von Freund Hain der Ihn zur Ruh brachte. Ein Kapitel ſo gut als eine Leichenrede.

1. Es iſt geweſen ſchon ſehr lange,
   Wie uns Gelehrten bewuſt iſt, im Gange,
   Ein gar kluges Sprichwort, es hat's
   Der alte Kirchenvater Horatz:

2. So wol gegen die Palläſte der Groſſen
   Als gegen die Hütten der Armen pflegt zu ſtoſſen,
   Der überall bekannte Freund Hain,
   Mit ſeinem dürren Knochenbein.

3. Das

3. Das will eigentlich nach dem Grundtext sagen:
Alles was da lebt, wird zu Grabe getragen,
Sowol der Monarch, als der Unterthan,
Sowol der Reiche als der arme Mann.

4. Sintemal Freund Hain pflegt unter beyden
Nicht das mindeste zu unterscheiden,
Sondern er nimmt, alles, weit und breit,
Mit der strengsten Unparteilichkeit.

5. Und er pflegt immer schlau zu lauern
Sowol auf den Kavalier, als auf den Bauern.
Auf den Betler und Großsultan,
Auf den Schneider und Tartarchan.

6. Und er geht mit der scharfen Sensen,
Zu Lakeyen und zu Excellenzen,
Zu der gnädigen Frau und der Viehmagd,
Ohne Distinktion auf die Jagd.

7. Es gilt bey ihm gar kein Verschonen,
Er achtet weder Knotenperruken noch Kronen,
Weder Doktorhut noch Hirschgeweih;
Zierrathen der Köpfe mancherley.

8. Er hat bey der Hand tausend und mehr Sachen,
Welche ein End mit uns können machen;
Bald gibt ein Eisen, bald die Pest,
Bald eine Weinbeere uns den Rest.

9. Bald eine Krankheit, bald plözlicher Schrecken,
Bald Arzeneyen aus den Apoteken,
Bald Gift, bald Freude, bald Aergerniß,
Bald Liebe, bald ein toller Hundsbiß.

10. Bald

10. Bald ein Proceß, bald eine blaue Bohne,
 Bald eine böse Frau, bald eine Kanone,
 Bald ein Strick, bald sonstige Gefahr,
 Wofür uns alle der Himmel bewahr.

11. Da helfen um sich zu befreien,
 Nicht d'Arçons schwimmende Battereien;
 Denn Freund Hain, der hungrige Schelm,
 Fürchtet weder Vestung, Schild, Degen noch
 Helm.

12. Der Kommendant, in den sieben Thürnen,
 Der Grosvizier zwischen hundert Dirnen,
 So wie Diogenes in seinem Faß;
 Waren alle für Ihn ein Fraß.

13. So ist es von je her gehört und gewesen,
 Wie wir in den Geschichtbüchern können lesen:
 Jakob Böhme und Aristoteles,
 Klaus Narre und Demosthenes,

14. Der ungestalte Esop und die schöne
 Weltberühmte griechische Helene,
 Der arme Job und König Salomon.
 Musten endlich alle davon.

15. Kaiser Max und Jobs der Senater,
 Virgil und Hans Sachs mein Aeltervater,
 Der kleine David und grosse Goliath,
 Starben alle, Teils früh, Teils spat.

16. Niklas Klimm und Markus Aurelius,
 Kato und Eulenspiegelius,
 Ritter Simson und Don Quixot,
 Sind leider! nicht mehr, sondern tod.

L   17. Auch

17. Auch Kartouch und König Alexander,
Einer nicht ein Haar besser als der ander,
   Held Bramarbas und Hannibal,
   Starben alle Knall und Fall.

18. Auch August der Held Polens,
Und Karl der Zwölfte, musten volens, nolens,
   So wie der Perser Schach Kulikan,
   Und der grosse Czaar Peter dran.

19. Item, Xerxes mit seinem ganzen Heere,
Potiphar mit seiner Hausehre,
   Und der einäugigte Polyphem,
   Und der alte Methusalem.

20. Alle, alle musten in die schwarze Baare,
Kalvin und der Pater von Sankt Klare,
   Auch der Patriarch Abraham,
   Und Erasmus von Rotterdam.

21. Auch Müller Arnold und die Advokaten
In den weitlaufigen preussischen Staaten,
   Tribonian und Notar April
   Der zu Regensburg von der Treppe fiel.

22. Alles, alles sank vor seiner Sichel,
Hippokrates magnus und Schuppachs Michel,
   Galenus und Doktor Menadie
   Mit der Salernitanschen Akademie.

23. Keiner konnte seiner Faust entfliehen,
Nicht Nostradamus und Suprintend Ziehen.
   Mit Doktor Faust und Träumer Schwedenburg,
   Ging er, ohne Umstände, durch.

24. Or

24. Orpheus den grossen Musikanten,
   Moliere den Komödianten,
      Und den berühmten Maler Apell,
      Nahme Freund Hain sämtlich beim Fell.

25. Auch den Midas mit den langen Ohren,
   Den Dichter Homerus blind geboren,
      Den lahmen Tamarlan und Tänzer Vestrie,
      Kein einz'ger von allen entsprang ihm hie.

26. Ach ja, lieber Leser! dis Furchtgerippe
   Fraß die Penelope und Xantippe,
      Judith, Dido, Lukretia
      Und die Königin aus dem Reich Arabia.

27. Den lachenden Demokrit und den Murrkopf
                                    Timon,
   Gaukler Schröpfer und den Zauberer Simon,
      Den Sokrat und jungen Werther, fürwahr
      Jenen als Weisen, diesen als Narr.

28. Selbst Bucephalus und Rossinanten,
   Und Abulabaz den Elephanten,
      Roß Bayard und Bileams Eselin,
      Nahm Freund Hain zum Morgenbrod hin.

29. Summa Summarum, weder vorn noch hinten
   Ist in den Chroniken ein Exempel zu finden,
      Daß Freund Hain, etwa irgendwo leer
      Bey jemand vorübergegangen wär.

30. Und was er übrigens noch nicht gefressen,
   Wird er doch in der Folge nicht vergessen,
      Sogar, leider! lieber Leser! auch dich,
      Und was das schlimmste ist, sogar mich.

L 2   31. So

31. So ward es nun auch gleichergestalten
 Mit dem Nachtswächter Hieronimus gehalten,
  Denn auch bey Ihm stellte Freund Hain
  Sich nach vierzig Jahr und drey Wochen ein.

32. Er bekam nämlich ein hiziges Fieber,
 Das wäre wol nun bald gegangen über,
  Wenn mans seiner guten Natur
  Hätte wollen überlaßen nur;

33. Jedoch ein berühmter Doktor im Kuriren
 Brachte ihn, durch seine Lebenseliriren,
  Nach der besten Methode, gar schön,
  An den Ort dahin wir alle einst gehn.

34. Als man ihn nun zu Grabe getragen,
 Führten die Sulzburger grosse Klagen,
  Denn seit undenklichen Zeiten her,
  War kein so berühmter Nachtswächter als Er.

www.ingramcontent.com/pod-product-compliance
Lightning Source LLC
Chambersburg PA
CBHW031452160426
43195CB00010BB/949